Bertram Tretter

Die Steuermentalität

FINANZWISSENSCHAFTLICHE FORSCHUNGSARBEITEN

Neue Folge Heft 45

Herausgegeben von Prof. Dr. Dr. h. c. G. Schmölders, Universität Köln

Die Steuermentalität

Ein internationaler Vergleich

Von

Dr. Bertram Tretter

DUNCKER & HUMBLOT / BERLIN

Alle Rechte vorbehalten
© 1974 Duncker & Humblot, Berlin 41
Gedruckt 1974 bei Buchdruckerei A. Sayffaerth - E. L. Krohn, Berlin 61
Printed in Germany
ISBN 3 428 03139 3

Inhaltsverzeichnis

Vorwort 9

Einleitung 11

A. *Methodologische Vorbemerkungen* 13

    I. Allgemeines 13

    II. Zur Arbeit 15

B. *Die Fassung der Steuermentalität* 17

    I. Die Entwicklung der Terminologie 17

        1. Die ersten Ansätze 17

        2. Aus spezifisch finanzwissenschaftlichen Werken 17

        3. Verwendete Begriffe 18

    II. Die verschiedenen Forschungseinrichtungen 19

        1. Psychologische Studien 19

            a) Edgar Schorers Aufsatz: Allgemeine Steuerpsychologie ... 19

            b) Die individualpsychologische Studie Holtgrewes 20

            c) Der Ansatz von Graumann und Fröhlich 23

        2. Philologischer Beitrag 23

        3. Anthropologische und geschichtswissenschaftliche Arbeiten 25

        4. Spezifisch sozialwissenschaftliche Arbeiten 27

            a) Nach der hermeneutischen Methode vorgehende Arbeiten .. 27

            b) Arbeiten mit Schwerpunkt empirisch-demoskopischer Methode 30

            c) Rein statistische Versuche 32

                α) Theoretische Möglichkeiten 32

                β) Durchgeführte Versuche 34

III. Kritische Würdigung ... 35

1. Statistische Fassung ... 35
2. Definitorische Fassung ... 35
3. Empirische Überprüfung ... 36

C. Die Bestimmungsfaktoren der Steuermentalität ... 39

I. Definitorische Klarstellung ... 39

II. Bestimmungsfaktoren der Steuermentalität ... 40

1. Die Bindung der Bürger an den Staat ... 40
2. Persönliche Faktoren beim Steuerpflichtigen ... 42
3. Sozioökonomischer Entwicklungsstand des Landes ... 43
4. Die Steuertechnik ... 44
5. „Gesetz der wachsenden Steuerwiderstände" ... 46

D. Vergleich der Steuermentalität verschiedener westeuropäischer Staaten ... 47

I. Problematik eines internationalen Vergleiches ... 47

II. Versuch einer Einstufung ... 48

III. Kurze Charakteristik europäischer Staaten ... 49

E. Die bestehenden Steuersysteme als Ausdruck unterschiedlicher Steuermentalität ... 53

I. Allgemeines ... 53

II. Die Steuerbelastung ... 54

III. Anteil einzelner Steuerarten ... 55

1. Übersicht ... 55
2. Verhältnis direkter zu indirekten Steuern ... 58
3. Die Staatsmonopole ... 61

IV. Die Steuertechnik ... 62

1. ‚Indirektes' Vorgehen ... 63
2. Mitarbeit des Zensiten ... 64

Inhaltsverzeichnis

F. Folgerungen für die Steuerharmonisierung 67

   I. Die Steuerharmonisierung der Europäischen Gemeinschaft 67

   II. Beschränkungen durch die Steuermentalitätsunterschiede 70

      1. Einengung des Handlungsspielraumes der Steuerpolitik 70

      2. Notwendigkeit zunehmender Anwendung indirekter Steuern .. 72

      3. Unmöglichkeit einer Vereinheitlichung der Steuern 73

   III. Beeinflussung der Steuermentalität als Aufgabe einer Harmonisierungspolitik 75

Literaturverzeichnis 75

Abkürzungen

— = nichts

0 = unbedeutend, d. h. weniger als die Hälfte der kleinsten Einheit der Tabelle

. = kein Nachweis vorhanden

( ) = unsichere oder geschätzte Angabe

Vorwort

Ein tieferes Eindringen und besseres Erforschen der wirtschaftlichen Zusammenhänge erfordert, daß sich die Wirtschaftswissenschaft stärker der Verhaltensseite des Menschen zuwendet. Die Notwendigkeit dazu wird besonders deutlich, sobald Theorien und Praktiken des Wirtschaftslebens hochentwickelter Industriestaaten auf nicht entwickelte Länder angewendet werden.

Das Verhalten im Erlebnisbereich Steuer zeigt schon bei soziokulturell relativ ähnlichen Gesellschaften, wie zum Beispiel den europäischen Staaten, sehr große Unterschiede. Die unterschiedliche Mentalität der Völker schlägt sich im Verhalten ihrer Mitglieder gegenüber der Steuer besonders stark nieder. Für die Finanzwissenschaft wie die Finanzpolitik ist es unbedingt erforderlich, die Mentalität bezüglich der Steuer zu kennen.

Da ein Kennenlernen am besten durch Vergleich und durch Herausstellen der Unterschiede möglich ist, werden in der nachfolgenden Arbeit die Steuermentalitäten verschiedener Völker gegenübergestellt. Im ersten Teil wird herausgearbeitet, wie die Steuermentalitätsunterschiede zu fassen sind; im zweiten Teil werden die Bedeutung und die Konsequenzen von Steuermentalitätsunterschieden aufgezeigt.

Da die weltweite Palette der Steuermentalität zu erfassen ein unbewältigbares Unterfangen darstellt — schon die Größe der Unterschiede ist inkompatibel —, werden nachfolgend primär die westeuropäischen Staaten betrachtet, für die das Problem wegen der politischen und wirtschaftlichen Einigungsbemühungen sehr relevant ist.

Einleitung

Der wirtschaftliche Zusammenschluß der europäischen Staaten ist eine der politischen Hauptaufgaben der EWG-Staaten geworden, ist er doch eine Grundlage für ein politisches Zusammengehen und die Voraussetzung für ein selbständiges Weiterbestehen von Europa. Eine sehr wichtige Aufgabe fällt dabei der Koordination der öffentlichen Sektoren der verschiedenen Nationalwirtschaften zu. Der Anteil des staatlichen Sektors beträgt in den westlichen Industrienationen meist über ein Drittel des Volkseinkommens. Allein die Größe dieses Anteils verdeutlicht, wie unbedingt notwendig die Angleichung dieser Bereiche der beteiligten Volkswirtschaften ist ohne Berücksichtigung der Tatsache, daß alle übrigen Wirtschaftsbereiche vom Staat intensiv gestaltet werden. Dies geschieht nicht nur durch die Art der Einnahmenbeschaffung und Verausgabung dieser 40 Prozent des Volkseinkommens mit dem Ziel der Erfüllung wirtschaftspolitischer Aufgaben wie Vollbeschäftigung, Preisstabilität und Einkommensverteilung, sondern auch durch Setzung verschiedener sozioökonomischer, politischer und juristischer Fakten mittels Gesetze und Ordnungen.

Die für die Wirtschaft am direktesten spürbare und sie am intensivsten beeinflussende staatliche Aktivität stellt die Einnahmengestaltung in Form der Besteuerung dar. So streben wie alle Verträge, die auf eine wirtschaftlich politische Einigung zielen, auch die Vereinbarungen der EWG neben einer Zollregelung vornehmlich eine Harmonisierung der Steuern an. So wird z. B. schon in den Rom-Verträgen von 1952 in Artikel 99 die Europäische Kommission ausdrücklich beauftragt, Vorschläge für die Harmonisierung der Steuern zu unterbreiten.

Besonders seit den europäischen Einigungsbemühungen entsteht ein sehr breites Schrifttum, das sich mit der technischen Ausgestaltung und Art gemeinsamer Steuern und Übergangsregelungen befaßt; die Fragen, welche Steuern sollen wann und wie vereinheitlicht werden, stehen im Vordergrund. Außerdem nimmt die synoptische Beschreibung der bestehenden unterschiedlichen Steuersysteme einen breiten Raum ein. Es wird aufgezeigt, welche Unterschiede zwischen den Staaten in bezug auf die Steuerquote, im Anteil der Steuerarten, in Steuerverwaltung, Zuordnung zu Gebietskörperschaften, Steuergestaltung usw. bestehen.

Die Untersuchungen bleiben meist fast ausschließlich rein deskriptiv und/oder wenden das Instrumentarium der Volkswirtschaftslehre an, um mathematisch-deduktiv die Auswirkungen des steuerlichen Bereiches aufzuzeigen; hier sind mikroökonomische Modelle, besonders Inzidenzmodelle zu nennen, dann ökonometrische Untersuchungen und teilweise Makromodelle mit Zahlenbeispielen, alle meistens von der Diskussion Ursprungsland- versus Bestimmungslandprinzip ausgehend.

Für die neuere finanzwissenschaftliche Forschung allgemein gilt weitgehend, daß sie nicht den Schritt der Volkswirtschaftslehre und insbesondere der Betriebswirtschaftslehre der neuesten Zeit nachvollzogen hat, die Verhaltensseite, die Psychologie des wirtschaftenden Menschen zu betrachten. Die Vertreter entsprechender Richtungen der Betriebswirtschaftslehre verweisen meist darauf, durch H. A. Simon angeregt worden zu sein, die Psychologie bzw. Verhaltensforschung stark in die Betrachtung einzubeziehen, so besonders durch seinen 1954 im American Economic Review erschienenen Artikel: "Theories in Decision Making." Daß dieser Anstoß nicht auch in der Finanzwissenschaft und gerade dort in der Steuerlehre entsprechend aufgenommen wurde, ist erstaunlich. So beschwert sich z. B. schon 1927 Otto Veit, in dem er sagt, man müsse „zum Schluß kommen, daß der Finanzwissenschaft ‚alles Menschliche fremd' ist, wenn man die Literatur vergeblich nach einer soziopsychologischen Untersuchung über das moralische Verhalten der am Steuerprozeß beteiligten Personen bzw. Personengruppen durchsucht"[1]. Natürlich gibt es vereinzelt Autoren, die sich mit der Psychologie im steuerlichen Bereich befassen. So hat Gerloff in den zwanziger Jahren in Aufsätzen steuerpsychologische Betrachtungen gebracht[2] und den Begriff des Steuerwiderstandes in die Literatur eingeführt. Sehr intensiv haben sich Schmölders und seine Kölner Mitarbeiter in ihrer ökonomischen Verhaltensforschung mit finanzpsychologischen Problemen befaßt.

Jedoch wurden diese und weitere gleichgerichtete Stimmen nicht entsprechend ihrer Bedeutung in der übrigen Forschung berücksichtigt und daher auch nicht deren Erkenntnisse in den Studien über Wirtschaftszusammenschlüsse in angemessener Weise verwertet.

Die nachfolgende Arbeit legt die verschiedenen Forschungsansätze und Aussagen über die Steuermentalität dar; sie erhellt damit die soziopsychologische Seite einer internationalen Steuerharmonisierung und zeigt die daraus folgenden Möglichkeiten und Grenzen.

Gerade bei einer solchen Problematik ist es erforderlich, zuvor einige Methodenfragen zu betrachten.

---

[1] *Otto Veit:* Grundlagen der Steuermoral, Eine finanzsoziologische Studie, in: Zeitschrift für die gesamte Staatswissenschaft, Bd. 83, Tübingen 1927, S. 317.
[2] z. B. *Wilhelm Gerloff:* Steuerwirtschaft und Sozialismus, in: Archiv für die Geschichte des Sozialismus und der Arbeiterbewegung, Bd. X, Leipzig 1922.

A. Methodologische Vorbemerkungen

I. Allgemeines

Die Diskussion um die für die Wirtschafts- und Sozialwissenschaft angemessene Methode ist so alt wie diese Wissenschaft selbst und stand immer stärker im Mittelpunkt als bei anderen Wissenschaften. Obwohl natürlich allgemein erkenntnistheoretische Überlegungen schon früher angestellt wurden, besinnt man sich erst in neuerer Zeit meist in Form der Methodenkritik bzw. Wissenschaftskritik auf die für das eigene Fachgebiet adäquate Methode. Bei wissenschaftsgeschichtlicher Betrachtung kommt man nicht um den Vorwurf herum, daß alle Wissenschaften, übermächtig unter dem Eindruck der großen Erkenntniserfolge der Naturwissenschaft und Technik, insbesondere der Physik, stehend, die mathematisch-experimentelle Forschungsmethode mit allen Mitteln auf das eigene Gebiet anzuwenden versuchen. Es soll keineswegs bestritten werden, daß mit dieser Methode gewisse neue Aspekte beleuchtet werden und damit neue Erkenntnisse gewonnen werden können. Jedoch ist ein Einschwören darauf in jedem Falle einseitig und eng. Den Wirtschaftswissenschaften wird allgemein — so auch nach der bisherigen Einteilung in Natur- und Geisteswissenschaften — eine Zwischenstellung gegeben. Gerade daher ist für sie die Anwendung verschiedener Methoden, d. h. ein Methodenpluralismus zu fordern.

Doch wird die neuere Forschung in der Ökonomie und Finanzwissenschaft weitgehend von der mathematisch-deduktiven Methode beherrscht. Man möchte die Realität mit Hilfe einfacher Modelle erfassen, die — mittels der ceteris-paribus-Klausel gegen eine Überprüfung an der Erfahrung immunisiert[1] — Abläufe aufzeigen, die sich aufgrund gewisser Prämissen d. h. Sollvorschriften ergeben. Als dominierende Prämisse unterstellt man entweder bei *allen* beteiligten Wirtschaftssubjekten das „Rationalprinzip" oder man nimmt — neuerdings häufig als Entscheidungstheorie — nur beim Aktor rationales Handeln an.

Dieser mathematisch rationalistische Ansatz ist für die finanzwissenschaftliche Forschung nur für wenige Bereiche geeignet: So z. B. zur

---

[1] *Hans Albert:* Modell-Platonismus, Der neoklassische Stil des ökonomischen Denkens in kritischer Beleuchtung, in: Sozialwissenschaft und Gesellschaftsgestaltung, Festschrift für G. Weisser, hrsg. v. F. Karrenberg u. H. Albert, Berlin 1963, S. 73.

Analyse der technischen Ausgestaltung der Steuertarife. Schon zur Erfassung einfacher Inzidenzwirkungen von Steuern bringt dieser Ansatz keine mit der Realität übereinstimmenden oder an ihr zu prüfenden Ergebnisse. Der Fehler dieser Forschungen liegt darin, anzunehmen, es sei ihnen möglich, mit ein und derselben Theorie „‚Gesetze der Wirtschaftlichkeit' und ‚Gesetze des Wirtschaftslebens' zu finden" (H. Albert).

Eine Forschung, die die Realität erkennen will, darf sich nicht auf die Analyse des Rationalprinzipes beschränken; sie muß „rationales" Handeln als einen Extremfall einer breiten Palette verschiedener Handlungsmöglichkeiten anerkennen.

Gerade zur Erforschung der Reaktionen der einzelnen Wirtschaftssubjekte auf die Steuer ist jene rationalistische Methode ungeeignet. Hier treffen die Meinungen besonders zu, daß die Wirtschaftswissenschaft die Lehre vom Verhalten des Menschen ist[2], und daß dieses Verhalten ganz und gar nicht der Konzeption des ‚homo oeconomicus rationalis' entspricht. Die empirisch-deskriptive Arbeit muß einen breiten Raum einnehmen. Die Prämissen bzw. Fakten für die Ableitungen dürfen nicht aufgrund von Plausibilitätsüberlegungen als klar gegeben angenommen werden und dürfen auch nicht überwiegend durch das Erkenntnismittel des „Verstehens"[3] ergründet werden, sondern sie müssen mit empirischen Methoden meist demoskopisch gefunden werden bzw. aus der Soziologie und Psychologie übernommen werden.

Die Übernahme von psychologischen und soziologischen Forschungsmethoden bzw. Erkenntnissen erscheint manchen Wissenschaftlern als Verstoß gegen das mathematisch-physikalische i. S. v. neopositivistischem Forschungsideal, da diese Forschungen stark von Werturteilen durchdrungen zu sein scheinen. Zugegebenermaßen liegt hier, wie ich es nennen möchte, eine „psychologische Unschärferelation"[4] vor, die darauf beruht, daß der Mensch als fühlendes, denkendes Wesen über den Menschen als fühlendes, denkendes Wesen nicht objektiv

---

[2] „Broadly speaking, economics can be defined as the science that describes and predicts the behavior of several kinds of economic man", *Simon:* Theory, S. 253 f. sowie *Jean Marchal:* Gegenstand und Wesen der Wirtschaftswissenschaft: Von einer mechanischen Wissenschaft zu einer Wissenschaft vom Menschen, in: Zeitschrift für die gesamte Staatswissenschaft, Bd. 106, Tübingen 1950.

[3] *Theodore Abel:* The Operation called „Verstehen", in: American Journal of Sociology, Bd .54, Chicago 1948), und *Norbert Kloten:* Der Methodenpluralismus und das Verstehen, in: Systeme und Methoden der Wirtschafts- und Sozialwissenschaften, Tübingen 1964.

[4] Der Begriff wurde in Anlehnung an W. Heisenbergs Erkenntnis aus der Quantenmechanik geprägt, da sich „Unschärferelation" bzw. „Unbestimmtheitsrelation" in ähnlichem Sinne in der Philosophie eingebürgert hat.

aussagen kann, objektiv in dem herkömmlichen Wortsinn von Gegenüberstehen von Subjekt und Objekt, da er Subjekt und Objekt in einem ist.

Bei der „mehr objektiv" erscheinenden Forschung der Soziologie in Form der Demoskopie hat diese Unschärferelation sogar eine zweifache Ausprägung: Erstens die „personelle Unschärferelation", da der Befrager bzw. die Formulierung des Fragebogens — meist unbewußt — eine bestimmte Meinung suggeriert und bei der Auswertung ein Deutungsspielraum bleibt und zweitens die „soziologische Unschärferelation", da durch die Tatsache der Befragung die Befragten oft erst zu einer bewußten Meinungsbildung geführt werden. Es würde über den Fachbereich der Ökonomie und besonders den Rahmen dieser Arbeit hinausgehen, auf diese Fragen näher einzugehen.

Festzuhalten bleibt: Um das Verhältnis Steuerzahler und steuerheischendem Staat aufzuhellen, müssen zusätzlich soziologische, psychologische und sozialpsychologische Erkenntnisse und Methoden angewendet werden. Eine Finanzpsychologie als Forschungsrichtung der Wirtschaftswissenschaft muß aufgebaut werden. Treffend formuliert es Gunther Engelhardt, ein Vertreter der Schmölderschen Schule: „Dabei ist der Begriff Finanzpsychologie jedoch nicht als neuerliche Beschränkung auf bestimmte, diesmal irrationale und damit psychologische Erklärungsfaktoren zu verstehen. Es soll vielmehr die Erkenntnis ausdrücken, daß alle ökonomischen und finanzwirtschaftlich relevanten Vorgänge einschließlich der Steuerwirkungen letztlich auf menschliches Handeln zurückzuführen sind und sich folglich nur durch dessen Erforschung richtig erklären und prognostizieren lassen[5]."

II. Zur Arbeit

Die Thematik ist also nur mit einer Vielfalt von Methoden zu fassen. Deshalb haben die dargelegten Forschungen die verschiedensten methodischen Ansätze, und es werden in der Arbeit selbst mehrere Methoden angewandt.

Das nächste Kapitel (B) zeigt die Entwicklung der Erforschung der Steuermentalität. Es ist somit der entwicklungsgeschichtlichen Methode zuzuordnen.

Der Abschnitt II dieses Kapitels B soll die ganze Breite der möglichen Wege der Erforschung zeigen. Die Methodik und Thematik der ver-

---

[5] *Gunther Engelhardt:* Der Beitrag der Finanzpsychologie zu einer rationalen Steuerpolitik, in: Wirtschaftstheorie als Verhaltenstheorie, Ein Symposium der Forschungsstelle für empirische Sozialökonomik, Berlin 1965.

schiedensten Fachbereiche muß angesprochen werden, und dadurch wird die Komplexität des Phänomens der Steuermentalität deutlich.

Ohne daß die entwicklungsgeschichtliche Reihenfolge sehr geändert werden mußte, wurden die Untersuchungen nach Fachbereichen und Methoden gegliedert. Die psychologischen, philologischen, anthropologischen und historischen Studien gehen hermeneutisch (erklärend-verstehend) vor. Abgetrennt davon werden die Arbeiten dargestellt, die im konventionellen sozialwissenschaftlichen Rahmen bleiben. Sie werden getrennt in hermeneutisch vorgehende, sowie in schwerpunktmäßig empirisch-demoskopische Arbeiten.

In dem folgenden Kapitel C wird induktiv-synthetisch eine Beschreibung der Steuermentalität und ihrer internationalen Unterschiede gegeben unter Verwendung der Erkenntnisse der verschiedenen Forschungen, insbesondere der demoskopischen Untersuchungen. Während die Kapitel C und D mehr mikroökonomisch vorgehen, wird im Kapitel E hauptsächlich von der makroökonomischen Ebene ausgegangen und unter Verwendung von Primärmaterial empirisch-deduktiv die Erkenntnisse bestätigt. Im Schlußkapitel werden einige Folgerungen aus den Steuermentalitätsunterschieden für die Steuerharmonisierung der europäischen Staaten aufgezeigt.

B. Die Fassung der Steuermentalität

I. Die Entwicklung der Terminologie

1. Die ersten Ansätze

Selbst wenn man sich nicht der heute weitgehend vorherrschenden Meinung der Erkenntnistheorie anschließt, daß ohne Worte, ohne verbale Ausformulierung kein Denken und Erkennen möglich ist, so muß man doch zu der Ansicht gelangen, daß aus der Entwicklung der Terminologie der Fortschritt wissenschaftlicher Erkenntnis abgelesen werden kann.

Die Wissenschaft hat sich erst relativ spät und spärlich den psychologischen Problemen der Konfrontation Bürger und steuerheischendem Staat zugewandt. In der Scholastik kann man Ansätze zur Beschäftigung mit dieser Problematik bei der Behandlung der Fragen nach der Gerechtigkeit und der *Rechtfertigung der Steuerpflicht* erkennen[1]. In den folgenden Jahrhunderten findet man bei wissenschaftlichen Schriften, die sich vornehmlich mit den Fragen der *Ethik der Steuererhebung* und der *Steuermoral* beschäftigen, eine Erwähnung der psychologischen und verhaltensrelevanten Wirkungen der Besteuerung und der psychischen Reaktionen der Pflichtigen. Diese Ausführungen bauen meist unbewußt auf der mittelalterlichen Tradition auf[2].

2. Aus spezifisch finanzwissenschaftlichen Werken

In der wirtschaftswissenschaftlichen Literatur erscheint offensichtlich zum ersten Male in Puvianis Werk, Teoria dell'Illusione Finanziaria, Milano 1903, eine eigene Begriffsbildung zur Beschreibung der psychologischen Spannung zwischen Steuerstaat und Staatsbürger. Er unterscheidet verschiedene Formen der „Illusion": Politische, staatsfinanzwirtschaftliche usw., weitet jedoch den Begriff so weit aus, daß

---

[1] Vgl. *Clemens Wagner:* Die sittlichen Grundsätze bezüglich der Steuerpflicht, Diss. Regensburg 1906. Auch *Thomas von Aquino* beschäftigt sich mit den Problemen der Steuererhebung an verschiedenen Stellen z. B. unter der Questio II II q. 66 a 8: Utrum rapina possit fieri sine peccato, in Summa Theologica.

[2] Vgl. *G. Mattern:* Steuerrecht und Steuermoral, in: Steuer und Wirtschaft, Hrsg. Carl Boettcher, München 1968 und *Franz Hamm:* Zur Grundlegung und Geschichte der Steuermoral, Trier 1908.

er aussageleer wird. Einen Abschnitt widmet er der „spinta e contraspinta contributiva", die wörtlich mit *Steuerneigung* und *Steuerabneigung* übersetzt werden; letzteres könnte mit Steuerwiderstand gleichgesetzt werden. Das Buch von Puviani fand jedoch keine Verbreitung; es wurde erst 1960 von Schmölders für den deutschen Sprachraum entdeckt und aufgelegt[3]. Deshalb konnte Gerloff zurecht von sich sagen, in den Zwanziger Jahren den Begriff des *Steuerwiderstandes* als erster in die wissenschaftliche Literatur eingeführt zu haben[4]. Er versteht darunter sowohl die Reaktionen der Steuersubjekte (aktiver Steuerwiderstand), als auch objektive Gegebenheiten wie Wirtschaftsstruktur, Bildungsniveau, Steuertechnik usw. (passiver Steuerwiderstand), die dem Steuerzugriff entgegenstehen. Etwa gleichzeitig veröffentlicht F. K. Mann in den Jahrbüchern für Nationalökonomie und Statistik den Artikel: „Die Grundformen der *Steuerabwehr*", worin er jedoch weitgehend nicht die psychologische Seite der Steuererfüllung beschreibt, sondern die ‚legalen' Ausweichreaktionen wirtschaftlicher Art, so Steuertilgung, Steuervermeidung, Steuereinholung und Steuerüberwälzung.

Als erster, der sich mit finanzpsychologischen Fragen intensiv und expressis verbis beschäftigt, ist Grossmann zu nennen. Von ihm wurde der Begriff *Finanzgesinnung*[5] geprägt. Er versteht darunter das „geistige Klima", in dem sich die Begegnung des Bürgers mit der Steuer vollzieht. Er beschränkt sich dabei nicht auf die Einnahmenseite, sondern betrachtet auch die Verausgabung der Steuern gemäß der schweizerischen demokratischen Tradition, wonach die Bürger nicht nur über die Steuern, sondern auch über die Staatsausgaben abstimmen.

3. Verwendete Begriffe

In der Arbeit verwendete Begriffe halten sich weitgehend an die von der Schmöldersschen Schule gesetzten Definitionen. Insbesondere Schmölders selbst und Strümpel haben sich seit zwei Jahrzehnten intensiv mit finanzpsychologischen Fragen befaßt und die Forschung und den Sprachgebrauch beeinflußt.

Als grundlegend für das Verhältnis Staat und Bürger bezüglich der Steuer, besonders beim internationalen Vergleich, wird bei den Untersuchungen unterschieden:

---

[3] *Amilcare Puviani:* Die Illusionen der öffentlichen Finanzwirtschaft, hrsg. und mit Geleitwort von G. Schmölders, Berlin 1960.
[4] *Wilhelm Gerloff:* Steuerwirtschaftslehre, in: HdFW, 2. Aufl., Bd. 2, Tübingen 1956, S. 299.
[5] *Eugen Grossmann:* Die Finanzgesinnung des Schweizervolkes, in: Zeitschrift für schweizerische Statistik und Volkswirtschaft, Bern 1930.

Politische Kultur: Die politischen Institutionen und die fundamentalen Attitüden des Staatsbürgers zum politischen System[6];

Steuermentalität: „Die allgemein herrschende Attitüde ... zur Steuer und zur Besteuerung schlechthin[7]." Unter Attitüde ist zu verstehen gemäß der soziologischen Begriffsfassung „ein durch Erfahrung geformter geistseelischer Bereitschaftszustand, der die Reaktionen des Individuums ... beherrschend oder dynamisch beeinflußt"[8];

Steuermoral: Die Einstellung der Staatsbürger zur Frage der Erfüllung oder Vernachlässigung der steuerlichen Pflichten;

Steuerdisziplin: ‚Das Verhalten hinsichtlich der Befolgung oder Nichtbefolgung der steuerlichen Pflichten[9].'

II. Die verschiedenen Forschungsrichtungen

1. Psychologische Studien

a) Edgar Schorers Aufsatz: Allgemeine Steuerpsychologie

α) Schon 1943 hat Schorer seine „Allgemeine Steuerpsychologie" verfaßt. Einleitend äußert er sich erstaunt darüber, daß, obgleich Deutschland in der Psychologie führend, bei der deutschen Finanzwissenschaft „der hochwichtige und umfassende Problemkreis der Besteuerung noch in keiner Weise mit der Psychologie in Verbindung gebracht worden ist"[10].

Gegenüber der Wiener Schule, die oft als psychologische Richtung gekennzeichnet wird, und auch Knut Wicksell grenzt er sich ab. Er möchte die Psychologie in allen Steuererscheinungen herausschälen. Jene hingegen suchen die verschiedenen Erscheinungen mit psychologischen Gegebenheiten zu begründen, sie auf psychologische Faktoren zurückzuführen. Er möchte damit sagen, daß diese Schule aus wenigen a priori angenommenen psychologischen „Gesetzen" Ableitungen treffe, die oft nur Leerformelcharakter hätten und keinen Informationsgehalt über die Realität besäßen. Schorer legt Wert darauf, daß außer der Individualpsychologie besonders „Gruppen-, Klassen-, Massen- und Völkerpsychologie" berücksichtigt werden. So beschreibt er außer den

---

[6] Der Begriff stammt von G. Almond und S. Verba.
[7] *Günter Schmölders:* Finanz- und Steuerpsychologie, Das Irrationale in der öffentlichen Finanzwirtschaft, Hamburg 1970, S. 53.
[8] Art. „Attitudes" in: Handbook of Social Psychology, Worcester 1935.
[9] *Schmölders:* Finanz- und Steuerpsychologie, S. 54.
[10] *Edgar Schorer:* Allgemeine Steuerpsychologie, in: Finanzarchiv, N.F., Bd. 9, Tübingen 1943, S. 338.

individualpsychologischen Folgen, die aus der Steuer ‚als Zwangsabgabe ohne Gegenleistung' erwachsen, und dem psychischen Reaktionsablauf des einzelnen bei der Steuerentrichtung massenpsychologische Fakten bei der Entwicklung des Steuersystems. Abschließend weist er auf die Bedeutung der „Völkerpsychologie der Besteuerung" hin und zeigt interessante Forschungsansätze zur Erfassung dieser auf.

β) Es ist zuviel verlangt, von einer der ersten Arbeiten zu diesem Problemkreis gleich exakte, wissenschaftlich voll abgesicherte Ergebnisse zu erwarten. So sind bei Schorer die psychologischen Ausführungen nicht von konkreten Ergebnissen der Psychologie geleitet, sondern durch Einfühlung, durch das Erkenntnismittel „Verstehen" geprägt und daher für eine „streng wissenschaftliche" Analyse der Steuermentalitätsunterschiede zu wenig operational[11]. Jedoch ist es sein unzweifelhaftes Verdienst zur Fassung der Steuermentalität nicht nur Anregungen, sondern auch Fakten gegeben zu haben. (a) Er weist in Vorwegnahme individualpsychologischer Untersuchungen auf die Bedeutung des Geltungstriebes, der Staatseinstellung des einzelnen und des Zwangscharakters der Steuer hin. (b) Er erwähnt die unterschiedliche Sinngebung des Wortes Steuer in den verschiedenen Sprachen (siehe unten die Arbeit von Scholten). (c) Zu den Unterschieden der Steuersysteme stellt er fest, „daß Vielheit und Umfang der Steuergesetze im umgekehrten Verhältnis zur Steuerfreudigkeit oder wenigstens zur Steuerbereitschaft stehen"[12], und denkt dabei an Frankreich. (d) Er regt an, eine vergleichende Finanzgeschichte verschiedener Völker zu schreiben, da daraus einiges über die Mentalitätsunterschiede zu entnehmen sei. (e) Er glaubt, daß eine Untersuchung der Literatur auch wesentliche Aufschlüsse über die „Steuergesinnung" der Völker erbringt.

Es ist bezeichnend, daß es sich bei Schorer wie bei Grossmann, die sich als erste mit der Steuermentalität — bei ihnen völkische Steuer- bzw. Finanzgesinnung bezeichnet — befassen, um Schweizer handelt. Ist doch die Schweiz ein Land, in dem verschiedene Nationalitäten vereinigt sind. Deshalb war dort das Problem der Mentalitätsunterschiede schon lange vor den europäischen Einigungsbemühungen akut.

b) Die individualpsychologische Studie Holtgrewes

α) Einleitend erwähnt Holtgrewe, daß er zu seiner Arbeit durch Schmölders' ‚neue Wissenschaft Finanzpsychologie' angeregt worden ist, die ihrerseits durch Gerloff Anregungen bekommen habe.

---

[11] Operational ist eine Aussage dann, wenn sie mit eindeutigen Anweisungen für eine empirische Prüfung versehen ist bzw. wenn sie so formuliert wurde, daß eine solche ohne weiteres vorgenommen werden kann.
[12] *Schorer:* Steuerpsychologie, S. 366.

Ausgangspunkt seiner Untersuchung ist die bipolare Psychologie; insbesondere stützt er sich auf Philipp Lersch und Ludwig von Holzschuher. Der Unterschied zur klassischen Psychologie kann folgendermaßen skizziert werden: Die klassische monopolare Psychologie geht von einem ungeteilten Ichbewußtsein aus. Die Handlungen werden entweder durch bewußtes, rationales Denken bestimmt, oder sie sind nur physiologische Abläufe. Die moderne bipolare Psychologie sieht, von Siegmund Freuds Entdeckung des Unterbewußtseins ausgehend, eine Zweischichtigkeit der Person: Ein ‚rationales Potential' (Ichperson) und ein ‚Primitivpotential' (Primitivperson). Beiden ‚Personen' wird ein eigenes Bewußtsein und eine unbewußte Seite zugedacht und ein Wettbewerb zwischen ihnen angenommen.

Auf der Grundlage dieser psychologischen Schule untersucht Holtgrewe das Verhalten der Steuerpflichtigen und kommt zu folgenden Hauptergebnissen: 1. Da die Steuer ohne sichtbare Gegenleistung ist, wird die Ichperson nicht angesprochen. 2. Die Steuer richtet sich gegen wichtige Primitivimpulse, so das Geltungsstreben. 3. Die Kritik der Massenmedien an Steuer und Staat bestärken die Primitivperson in ihrer Abwehrhaltung. 4. Da die Steuergerechtigkeit zu erkennen eine schwierige, rationale Reflexion erfordert, wird die Meinung darüber im Primitivpotential gefällt. 5. Dem Genannten zufolge wird der Steuerwiderstand im Primitivpotential fortwährend bestärkt. Da die Moral und das Gewissen im Primitivpotential verankert seien, bewirke ein Appell an sie nicht eine Verbesserung der Steuermentalität. 6. Zum Abbau des Steuerwiderstandes müsse der Staat in seiner ‚Erziehung' sich an das rationale Potential wenden.

β) Da, wie Holtgrewe am Schluß seiner Einleitung selbst schreibt, in der Psychologie vieles Hypothese bleiben müsse[13], gibt seine Arbeit Ansatzpunkte zur Kritik. Das Berufen auf eine Schule, in diesem Falle die der bipolaren Psychologie, kann immer den Vorwurf hervorrufen, zu eng und zu einseitig ein Problem zu betrachten. So ist auch Oermann ohne längere Begründung der Meinung, „daß die bipolare Psychologie, die sich übrigens weitgehend auf die Meinung des Werbepsychologen v. Holzschuher stützt, keine wissenschaftlich brauchbare Grundlage für die Beschreibung des Ablaufs der verschiedenartigsten psychischen Prozesse, die unter der Bezeichnung Steuerwiderstand zusammengefaßt werden, bietet"[14]. Insbesondere stört sich Oermann an den etwas schiefen Vorschlägen Holtgrewes zur Steuermentalitätsbeeinflussung, die hauptsächlich aus der Zuordnung von

---

[13] *Karl Georg Holtgrewe:* Der Steuerwiderstand, Das Verhalten der Steuerpflichtigen im Lichte der modernen Psychologie, Berlin 1954, S. 12.
[14] *Joseph Oermann:* Steuermoral und Besteuerungsmoral, in: Steuerberater Jahrbuch 1957/58, hrsg. v. Armin Spitaler, Köln 1958, S. 73 f.

Moral und Gewissen zum Primitivpotential kommen. Mit dieser Einordnung in ein Raster des wissenschaftlichen Systems bedenkt Holtgrewe zu wenig, daß ein wissenschaftliches System immer nur ein Netz ist, das die Wirklichkeit nicht ganz faßt.

Graumann und Fröhlich beanstanden einleitend in ihrer Untersuchung[15], daß Holtgrewe den Steuerwiderstand nicht operational fasse im Sinne einer falsifizierbaren Definition. Er reduziere „den zwar vorgegebenen, aber unbeschriebenen und leider auch undefinierten „Steuerwiderstand" auf ein hypothetisches Zusammenspiel von Kräften der ebenfalls hypothetischen „Primitiv-" und „Ich-Person", sich dabei auf das „bipolare" System des Werbepsychologen v. Holzschuher stützend. Dieser Ansatz muß letztlich spekulativ bleiben, da die Aussichten auf die empirische Verifizierung des Systems äußerst gering erscheinen"[16].

γ) Insbesondere treffen die genannten Einwände, das Hypothetische der Darlegungen und die definitorische Schwäche, bei Holtgrewes Bemerkungen zu, die Aussagen über internationale Steuermentalitätsunterschiede enthalten. Er nimmt die Steuermentalitätsunterschiede der Völker als gegeben an, ohne auf die Faktizität, die Beweisbarkeit, oder auf Untersuchungsmöglichkeiten einzugehen. Einzig weist er darauf hin, daß ‚bei den einzelnen Völkern bestimmte Typen vorherrschen und zitiert Le Bon: die lateinischen Massen sind weibischer'[17]. Da nach seinen Darlegungen der Steuerwiderstand im Primitivpotential verankert ist, folgert er, „daß die lateinischen Völker im allgemeinen eine schlechtere Steuermentalität aufweisen, da entsprechend ihrer psychischen Struktur dem Primitivpotential ein relativ größeres Gewicht zukommt"[18].

Holtgrewe führt dazu außer dem Genannten nichts aus. Es wäre sicher interessant zu untersuchen, welche Typen bei den einzelnen Völkern vorherrschen. Bei Beschreibung der bipolaren Psychologie unterscheidet Holtgrewe gemäß der bei den Schichtentheoretikern verbreiteten Typenlehre 1. *rational regierter Typus*, 2. *primitiv regierter Typus*, 3. *ausgeglichener Mitteltypus* und 4. *sensitiver Mischtypus*. Dem ersten Typus (r r Typus) schreibt er die beste, dem zweiten Typus (p r Typus) die schlechteste Steuermentalität zu. Die in verschiedenen Wissenschaften[19] verbreiteten Typenlehren, die von den Typen Lepto-

---
[15] *Carl-Friedrich Graumann* u. *Werner D. Fröhlich:* Ansätze zu einer psychologischen Analyse des sogenannten Steuerwiderstandes, in: Finanzarchiv, N.F., Bd. 17, Tübingen 1956, S. 419.
[16] *Graumann/Fröhlich:* Ansätze, S. 419.
[17] *Holtgrewe:* Steuerwiderstand, S. 75.
[18] Ebenda, S. 76.
[19] Medizin, Psychopathologie, Biologie, Ethnologie.

some und Pykniker ausgehen, ordnen diesen beiden Extremen auch jeweils mehr rationales bzw. emotionales Gelenktsein zu. Das Vorherrschen eines dieser Typen könnte exakt erfaßt werden, da diese Typen in der Körperform ihren Ausdruck finden. Da die leptosomen Typen mehr in nordischen Ländern, die pyknischen dagegen mehr in südlichen Ländern vorherrschen, kann somit bei Akzeptierung der Kernsätze von Holtgrewe ein Nord-Süd-Gefälle der Steuermoral bzw. Steuermentalität gefolgert werden.

c) Der Ansatz von Graumann und Fröhlich

Der Vollständigkeit halber sei auf den psychologischen Teil der Arbeit von Graumann und Fröhlich kurz eingegangen, der von ihnen als qualifizierender Ansatz bezeichnet wird. Sie wollen methodologisch von bisherigen Arbeiten unterschieden sein, da versucht werde, „das steuerliche Verhalten von den bisher experimentell am besten gesicherten Gesetzlichkeiten des Verhaltens her zu verstehen"[20]. Sie meinen damit die Lewinsche Feldtheorie[21], die, kurz charakterisiert, nicht so sehr „von isolierten seelischen Vorgängen im Subjekt ausgeht, sondern sich ständig auf den handelnden Menschen in seiner Situation bezieht"[22]. Die Spärlichkeit der Ausführungen zeigt sich darin, daß neben einigen Erkenntnissen von Holtgrewe nur die Bedeutung der Strafdrohung erhellt wird, und die Wichtigkeit der Steuerwerbung betont wird.

2. Philologischer Beitrag

a) Eine sehr interessante und einzigartige Untersuchung zur Erhellung speziell der internationalen Steuermentalitätsunterschiede stellt die Arbeit von Scholten dar. Wie er einleitend darlegt, soll „als Erklärung für die Verhaltensweise des Steuerzahlers und seines fiskalischen Gegenspielers ... die Bedeutung der von beiden Seiten verwandten Terminologie herangezogen werden; die Psychologie der Sprache soll Auskunft über die Steuermentalität der Völker geben"[23].

In seinem ersten Hauptteil wendet sich Scholten dem romanischen Sprachkreis zu. Nach kurzer sprachgeschichtlicher Analyse der Entstehung und Bedeutungsentwicklung der Begriffe für Steuer in der römischen Antike und dem lateinischen Mittelalter geht er auf die

---

[20] *Graumann/Fröhlich:* Ansätze, S. 419.
[21] *K. Lewin:* A Dynamic Theory of Personality, Selected Papers, New York und London 1935.
[22] *Graumann/Fröhlich:* Ansätze, S. 428.
[23] *H. Scholten:* Die Steuermentalität der Völker im Spiegel ihrer Sprache, Köln 1952, S. 8.

romanischen Nationen ein. In allen romanischen Sprachen rufen die im Sprachgebrauch verbreiteten Steuerbezeichnungen impôt, imposto und impuesto Empfindungen und Vorstellungen des Bedrückens und Belastens aus, da es verwandte Worte außerhalb des Finanzsektors mit dieser Bedeutung gibt.

Am ausführlichsten untersucht Scholten die französische Sprache. Er zeigt, wie vom Staat oft versucht wurde, andere Begriffe, wie aide, subside, subvention, droit usw. einzuführen, die positive Assoziationen hervorrufen, an angenehme Gefühle appellieren. Jedoch wurden diese Termini immer wieder vom Sprachgebrauch durch impôt, imposition verdrängt. Ja sogar wurde gabelle, ursprünglich die Bezeichnung für die verhaßte Salzsteuer, allmählich für Steuer allgemein verwandt. Er vertieft seine Betrachtungen, indem er neben der Sprachanalyse auch die geschichtliche Entwicklung, insbesondere die Bemühungen der „Sprachblenderei" des Staates skizziert und auf die Wichtigkeit der Staatsauffassung des betreffenden Volkes, geprägt durch die geschichtliche Erfahrung, Mentalität und Philosophie verweist.

In seinem Abschnitt über den germanischen Sprachkreis geht Scholten zunächst auf die mittelalterliche Sprachentwicklung in Deutschland und England ein. Gemäß der Staatsgesinnung, die sich auf das Lehenswesen und auf das genossenschaftliche Denken stützen konnte, haben die Steuerbegriffe zunächst immer die Bedeutung von freiwilliger Leistung, Unterstützung (z. B. mhd. stiure = Stütze). Dann geht Scholten ausführlich auf England ein. Zunächst belegt er mit verschiedenen Zitaten die stark verbreitete Meinung über die hohe Staatsgesinnung der Engländer und die daraus zu schließende hohe Steuermentalität. Er zeigt, daß der für Steuer verwendete Begriff duty gleichzeitig die Bedeutung hat von „moral obligation with binding force of what is morally right"[24]. Diese strenge Steuermoral kommt auch zum Ausdruck in der verächtlichen Bezeichnung tax dodger für Steuerhinterzieher.

Im Gegensatz dazu haben in Frankreich umgekehrt maltòtier, gabelou, imposteur, ursprünglich ausschließlich Bezeichnungen für Personen des Steuerwesens, die Bedeutung von Wucherer, Spitzbube und Betrüger angenommen[25]. Bei der Analyse des Wortes tax stellt Scholten fest, daß die Beziehungen zur Herkunft abgerissen seien. Ebenso rufe das deutsche Wort Steuer kaum Assoziationen hervor, beide Bezeichnungen seien weitgehend ‚wertfrei'.

Im dritten Teil behandelt Scholten die russische Sprache, worauf hier nicht eingegangen werden soll, da die dargelegten westeuropä-

---

[24] Chambers's Encyclopedia, New Edition, London 1950, 15. Bd.
[25] *Scholten:* Steuermentalität, S. 30 f.

ischen Nationen genügen werden, die Methodik seines Vorgehens zu verdeutlichen.

b) Die Untersuchung der Semantik der Sprachen auf den Bedeutungsinhalt der Wörter im Steuerwesen deckt große Unterschiede der damit verbundenen Vorstellungen und Empfindungen auf. Es kann nicht gesagt werden, daß dies nur etwas für die Zeit aussagt, in denen das Sprachgefühl diese Bezeichnungen herausbildete. Falls eine Änderung der Steuermentalität stattgefunden hätte, dann hätten sich die Begriffe, die vom Staat zur Beschwichtigung geprägt werden, eingebürgert. Es ist aber so, daß sich z. B. bei den Romanen immer die Worte für Steuer durchsetzten, die gleichzeitig Belastung und Auferlegung ausdrücken.

Aus den deutschen Begriffen Abgabe, Gebühr, Beitrag spricht die Empfindung und der Sinngehalt von ‚Abgeben' und ‚Beitragen'. Das Wort Steuer kann als neutral bezeichnet werden, da sein Zusammenhang mit etwa ‚steuern', ‚Austeuer' vollständig abgerissen ist. Man kann somit auf eine nicht schlechte Steuermentalität der Deutschen schließen.

In den skandinavischen Ländern ist das gebräuchlichste Wort für Steuer ‚skat'[26], das wie der mittelhochdeutsche Begriff für Steuer ‚schatz' bzw. ‚schaz' von Schatz, Staatsschatz herkommt. Dies läßt ein hohes Gemeinschaftsbewußtsein und eine gute Steuermentalität vermuten.

3. Anthropologische und geschichtswissenschaftliche Arbeiten

a) Wichtige Erkenntnisse und Anstöße für die Erforschung der Steuermentalität müßten von der Kulturanthropologie bzw. Ethnologie zu erwarten sein. Leider sind die Ergebnisse dieser Fachrichtungen zu spärlich und zu wenig ausgereift, als daß sie verwendet werden könnten. Dies zeigt z. B. der Artikel von Heinz Wiesbrock: „Über Ethnocharakterologie, Wesen — Forschungsprogramm — Methodik"[27], in dem er einen Überblick über die vorhandene Literatur gibt und eine wissenschaftstheoretische Grundlegung für diese Fachrichtung geben will. So kommt auch Brodersen in einem Aufsatz über ‚National Character' nach Darlegung der vorhandenen Forschung zum Ergebnis, daß deren Methodik bisher höchstens zur Erfassung von Primitivkulturen geeignet ist, jedoch damit nichts über so komplexe Gesellschaften wie Deutschland, England oder Rußland ausgesagt werden kann[28].

---

[26] *Schmölders:* Finanz- und Steuerpsychologie, S. 114.
[27] *Heinz Wiesbrock:* Über Ethnocharakterologie, Wesen — Forschungsprogramm — Methodik, in: Kölner Zeitschrift für Soziologie und Sozialpsychologie, Köln 1957.
[28] *Arvid Brodersen:* National Character: An Old Problem Re-examined, in: James N. Rosenau, Hrsg., International Politics and Foreign Policy,

Untersuchungen über den Nationalcharakter von Industrienationen sind nicht wegen der Schwierigkeit der Probleme so spärlich und fehlen seit 1956 weitgehend[29], sondern dies ist besonders mit bedingt durch den gegenwärtigen Zeitgeist: Man sucht mehr nach den Gemeinsamkeiten der Nationen als Reaktion auf Chauvisinismus und Rassismus.

b) In vielen Arbeiten und Untersuchungen, die sich mit der Problematik der Steuermentalität befassen, werden historische Betrachtungen gebracht. Die dabei angeführten Beschreibungen und Beispiele sind meist aufschlußreich und beweiskräftig.

Ausschließlich geschichtswissenschaftliche Untersuchungen zur Aufhellung der Ursachen und Unterschiede der Steuermentalität scheint es nicht zu geben. Wie erwähnt, erwartet sich Schorer von einer vergleichenden Finanzgeschichte große Einsichten. Daß die geschichtliche Erfahrung einen wichtigen Einflußfaktor der Steuermentalität darstellt, kann nicht bezweifelt werden. Burkhard Strümpel führt in einem Aufsatz[30], in dem er solche demoskopische Ergebnisse der Schweiz der Bundesrepublik gegenüberstellt, die Unterschiede der Steuermentalität beider Nationen auf die unterschiedliche geschichtliche Erfahrung zurück, da die übrigen Bestimmungsgrößen wie wirtschaftliche Entwicklung, Steuertechnik, sozialer Wandel, Volkscharakter usw. sehr ähnlich sind.

Geschichtliche Arbeiten über Wirtschaftszusammenschlüsse, wie Deutscher Zollverein, die USA, Schweiz, Benelux enthalten ebenfalls wenig über Steuermentalitätsunterschiede[31]. Bei diesen historischen Beispielen waren entweder Steuerangleichungen nicht ein so drängendes Problem, da die Steuerquote noch recht niedrig war, oder es sollten wie beim Beispiel Benelux nur wenige unwichtigere Steuern angepaßt werden.

New York 1961. Dieselbe Aussage bei *E. Adamson Hoebel:* Antropological Perspectives on National Charakter, in: National Character in the Perspective of Social Sciences, The Annals of The American Academy of Political and Social Science, Vo. 370, Philadelphia 1967.

[29] Vgl. Bibliographie bei *Burkart Holzner:* Völkerpsychologie, Leitfaden mit Bibliographie, Würzburg 1961.

[30] *Burkhard Strümpel:* Die Schweizer als Steuerzahler, Ein Beitrag zum internationalen Vergleich der Steuermoral, in: Finanzarchiv, N.F., Bd. 24, Tübingen 1965.

[31] z. B. *Erna Brockerhoff:* Die Harmonisierung der Ausgabesteuern im Deutschen Zollverein mit einem Ausblick auf die Probleme der Ausgabesteuerharmonisierung in der EWG, Diss. Mainz 1963; *Günther Schmölders:* Der Deutsche Zollverein als historisches Vorbild einer wirtschaftlichen Integration in Europa, in: Aspects financiers et fiscaux de l'integration economique internationale, La Haye 1953.

4. Spezifisch sozialwissenschaftliche Arbeiten

Im folgenden werden Untersuchungen dargestellt, die in Methodik und Thematik im sozialwissenschaftlichen Bereich bleiben.

Zusammengefaßt werden die Arbeiten, die sich mehr der hermeneutischen Methoden bedienen: Sie gehen also von der Beschreibung juristischer, wirtschaftlicher und sozialer Fakten aus, um die Steuermentalität in den Griff zu bekommen. In der zweiten Gruppe sind die Arbeiten, die demoskopisch-empirisch vorgehen: Verschiedene internationale Befragungen sind die Grundlage für Aussagen über die Steuermentalität.

Abschließend werden kurz einige Versuche aufgeführt, die mit vorhandenen statistischen Unterlagen Anhaltspunkte für die Steuermentalität zu liefern suchen.

Wirtschaftswissenschaftliche und juristische Arbeiten, die sich mit internationalen Steuervergleichen oder Problemen der Steuerharmonisierung befassen, enthalten häufig eine Erwähnung bzw. Hinweise auf die Steuermentalität, Steuermoral, Staatsgesinnung usw. Jedoch werden die Aussagen darüber ungeprüft übernommen; auch werden derlei Fakten als von ‚außen' gegeben und unbeeinflußbar angenommen und dem ‚Datenkranz' eingefügt. Im folgenden werden nur Arbeiten herangezogen, die Aussagen bzw. Methoden enthalten, die zur Fassung der internationalen unterschiedlichen Steuermentalität beitragen.

Erstaunlicherweise sind im englischsprachigen Raum keine nennenswerten wissenschaftlichen Arbeiten zu diesen Problemen der Finanzpsychologie bekannt. Im übrigen Ausland liegen auch keine bekannteren Untersuchungen vor mit Ausnahme von Frankreich. Hier sind insbesondere zu nennen die Werke von Laufenburger, Dubergé und Houchon in den fünfziger Jahren[32], sowie verschiedene Aufsätze über die „évasion fiscale" im „Bulletin for International Fiscal Documentation"[33].

a) Nach der hermeneutischen Methode vorgehende Arbeiten

α) Fritz Neumark geht in der Zeitschrift Kyklos von 1948 der Frage nach, „ob sich in der Finanzpolitik der Staaten nationale Eigenarten beobachten ließen"[34]. Zunächst zeigt er, daß es eigentlich plausibel ist, wenn die verschiedenen nationalen Finanzwirtschaften große

---
[32] Vgl. Literaturverzeichnis.
[33] z. B. *Friedrich Klein:* Die évasion fiscale in der Bundesrepublik Deutschland, in: Bulletin for International Fiscal Documentation, Bd. 7, Amsterdam 1953, C. Scailteur: Situation de la fraude fiscale en Belgique, in: Bulletin for International Fiscal Documentation, Bd. 5.
[34] *Fritz Neumark:* Internationale Gemeinsamkeiten und nationale Eigenarten der Finanzpolitik, in: Kyklos, Vol. II, Bern 1948.

Gemeinsamkeiten haben. Dann umschreibt er idiographisch die unterschiedlichen Eigenarten der französischen, englischen, reichsdeutschen, preußischen und nordamerikanischen Finanzpolitik. Er unterscheidet zwei Idealtypen, 1. die englische Finanzpolitik mit den Charakteristiken Solidität, soziale Fortschrittlichkeit, Einfachheit, Demokratieverwirklichung, 2. die französische Finanzpolitik, die unsolide, fiskalistisch, kurzsichtig-defizitär ist und mit einem veralteten, komplizierten Steuersystem und schlechter Steuermoral arbeitet. Diesen beiden Typen ordnet er dann Preußen, Reichsdeutschland und Nordamerika mehr oder weniger ähnlich seiend zu.

Wenn auch seine Darlegungen mit guten geschichtlichen Beispielen belegt sind, können sie als finanzpolitische Charakterisierung der Staaten nicht voll überzeugen. Wenn auch die Ursachen und Bedingungen für die Gemeinsamkeiten bzw. Verschiedenheiten ausführlich dargelegt werden, und die Beschreibung der Finanzpolitik der einzelnen Länder viel Treffendes enthält, scheinen doch in weiten Teilen nur völkische Stereotypen für einen bestimmten Bereich ausformuliert zu sein.

Jedoch ist es Neumarks Verdienst in dieser Deutlichkeit als erster auf die internationalen Unterschiede hingewiesen zu haben. So schließt er seine Ausführungen: „Aber gleich viel, worauf man die nationalen Besonderheiten der Finanzpolitik zurückführen mag — d a ß solche in Wirklichkeit bestehen, dürfte nicht zu bezweifeln sein[35]."

β) Hakki Karamete promovierte 1956 bei Schmölders mit dem Thema: „Wirtschaftssystem und Wirtschaftsgesinnung, Steuersystem und Steuermentalität in der Türkei." Obgleich es sich mit einem nicht westeuropäischen Land befaßt und die Arbeit in ihrer Art allein blieb, soll sie kurz erwähnt werden. In gedrängter Form beschreibt Karamete alle wichtigen die Steuermentalität prägenden Faktoren, wie geschichtlich-politische Erfahrung, Wirtschaftsstruktur und -system, religiöse Mentalität, Wirtschaftsgesinnung, Steuersystem und -politik. Es ist zweifellos eine geeignete Methode, die Steuermentalität zu erfassen. Wenn für die europäischen Länder keine entsprechenden Arbeiten zu finden sind, liegt dies wohl daran, daß eine solche ‚Gesamtschau einer Nation' bei den komplexeren Staaten Europas schwer möglich ist. Eine relativ kurze Staatsgeschichte, Homogenität im geistigen Bereich, Einfachheit der Wirtschaftsstrukturen und besonders etwas Abstand, um das Wesentliche herausstellen zu können, sind unerläßliche Voraussetzungen, die zufällig in diesem Fall gegeben sind.

γ) Daviter, Könke und Schwerin von Schmölders' Forschungsinstitut legten mit dem ersten Band von Steuernorm und Steuerwirklichkeit[36]

---

[35] *Neumark*, Gemeinsamkeiten, S. 348.

II. Die verschiedenen Forschungsrichtungen

eine umfassende Untersuchung zur Steuermentalität vor. Die Verfasser stellten sich die Aufgabe, verschiedene Länder „in den speziellen Bereichen der Steuertechnik, bei denen ein Zusammenhang mit der Steuermentalität vermutet wird"[37], in aller Ausführlichkeit einander gegenüberzustellen. Gemäß der Definition des HdFW werden „unter Steuertechnik ... alle administrativen und juristischen Maßnahmen verstanden ..., durch die ein Steuergedanke in die Tat umgesetzt wird"[38]. Man beschreibt und vergleicht somit für Deutschland, Frankreich, Großbritannien und Italien folgende Bereiche:

a) Steuerverwaltung (Struktur, Funktionsfähigkeit, Beamtenschaft)

b) Ermittlungsverfahren der Steuerschuld

c) Steuererhebung

d) Steueraufklärung und Beratung

e) Steuerkontrolle

f) Steuerstrafverfahren

g) Steuerstrafrecht.

Die tief detaillierte, vergleichende Darstellung zeigt die großen Unterschiede zwischen den Staaten und legt dar, daß sie weitgehend durch Steuermentalitätsunterschiede erklärt werden müssen. Auch wird darauf hingewiesen, daß die Steuertechnik selbst wiederum die Steuermentalität beeinflußt, also eine gewisse gegenseitige Abhängigkeit vorliegt.

δ) Schmölders, der als Anreger oder Förderer fast der gesamten Literatur zum Steuermentalitätsproblem zu bezeichnen ist, hat eine große Zahl von Artikeln, Aufsätzen und Monographien dazu geschrieben. Bei Schmölders findet man sowohl hermeneutisch vorgehende Arbeiten, als auch solche, die sich überwiegend der empirisch-demoskopischen Methode bedienen. Immer wieder bringt er hermeneutisch neue Anregungen und Hypothesen, jedoch folgen darauf bald Untersuchungen. die diese Aussagen mittels der Methoden der empirischen Sozialforschung aufschlüsseln. Damit verwirklicht Schmölders für die Sozialwissenschaft durch diese enge Verbindung der Methoden, was Klafki für die erziehungswissenschaftliche Forschung fordert: „Man kann das Verhältnis als einen ständigen dynamischen Rückkoppelungsprozeß beschreiben: von hermeneutischer Entwicklung der Fragestellungen und Hypothesen über die erfahrungswissenschaftliche Über-

---

[36] *J. Daviter, J. Könke, Otto Graf Schwerin:* Steuernorm und Steuerwirklichkeit, Bd. 1, Steuertechnik und Steuerpraxis in Frankreich, Großbritannien, Italien und Deutschland, Forschungsberichte des Landes Nordrhein-Westfalen, Nr. 2040, Köln und Opladen 1969.

[37] Ebenda, S. 22.

[38] Ebenda, S. 23.

prüfung dieser Hypothesen zur hemeneutischen Interpretation der so gewonnenen Ergebnisse und zur Herleitung neuer Hypothesen für neue Untersuchungen usf.[39]."

b) Arbeiten mit Schwerpunkt empirisch-demoskopischer Methode

α) Alle bekannten deutschsprachigen Arbeiten, die sich bemühen, auf empirisch-demoskopischem Weg Erkenntnisse über die Steuermentalität zu erhalten, stammen aus der Schmöldersschen Schule. Die Veröffentlichungen erfolgen in den sechziger Jahren, zunächst Schmölders „Das Irrationale in der öffentlichen Finanzwirtschaft, München 1960", dann „Staatsbürgerliche Gesinnung und Steuermoral". Strümpel vergleicht in „Der Schweizer als Steuerzahler" die demoskopischen Ergebnisse der Schweiz mit den deutschen. Seine Studie „Steuermoral und Steuerwiderstand der deutschen Selbständigen" legt ausführlich die deutschen Befragungsergebnisse dar und stellt sie teilweise auch ausländischen Ergebnissen gegenüber. Zusammen mit Schmölders veröffentlicht er 1968 in: „Vergleichende Finanzpsychologie" einige Daten der internationalen Untersuchungen. In zwei Dissertationen (Deppe, Beichelt) werden die Untersuchungen über die Niederlande und England analysiert[40].

Die umfassendste Darstellung der Untersuchungsergebnisse erfolgt in Schmölders' Neuauflage von: „Das Irrationale"[41] und besonders in „Steuernorm und Steuerwirklichkeit, Band 2", von Beichelt u. a. mit dem Untertitel: „Steuermentalität und Steuermoral in Großbritannien, Frankreich, Italien und Spanien"[42].

Zum Teil fundieren auch die erwähnten französischen Autoren, insbesondere Dubergé, ihre Aussagen durch empirisch-demoskopische Untersuchungen. Soweit eine Ähnlichkeit der Befragung vorliegt, stellen Schmölders' Institute diese Ergebnisse den eigenen gegenüber.

Eine umfangreiche, soziologische Untersuchung liegt in Schweden vor[43]. Mit weitgehenden, demoskopischen Befragungen wird der

---

[39] *Wolfgang Klafki*: Erziehungswissenschaft als kritisch-konstruktive Theorie: Hermeneutik — Empirie — Ideologiekritik, Zeitschrift f. Pädagogik, Weinheim 1971, S. 374.

[40] Genaue Titel sind dem Literaturverzeichnis zu entnehmen.

[41] *Günter Schmölders*: Finanz- und Steuerpsychologie, Das Irrationale in der öffentlichen Finanzwirtschaft, Hamburg 1970.

[42] *Bernd Beichelt* u. a.: Steuernorm und Steuerwirklichkeit, Bd. 2, Steuermentalität und Steuermoral in Großbritannien, Frankreich, Italien und Spanien, Forschungsberichte des Landes Nordrhein-Westfalen, Nr. 2041, Köln und Opladen 1969.

Steuerwiderstand untersucht, insbesondere unter Betrachtung der Selbstdeklaration bei der Einkommensteuer. Da die Untersuchung stark auf die schwedischen Verhältnisse zugeschnitten ist — so wird z. B. schwerpunktmäßig von der Selbstdeklaration ausgegangen, da diese in Schweden für alle Einkommen erforderlich ist — und da die Untersuchung nicht auf die vorhandenen deutschen und französischen Arbeiten aufbaut, bzw. Bezug zu nehmen scheint, ist sie für einen internationalen Vergleich der Steuermentalität nicht gut geeignet.

β) Die Untersuchungen von Schmölders' Instituten sind von vornherein so angelegt worden, daß sie gut für internationale Vergleiche herangezogen werden können. Die Interviewschemata der deutschen Untersuchungen von 1958 und 1963[44] wurden mit den gleichen Methoden auf die anderen europäischen Staaten angewendet.

Die empirische Sozialforschung in Form der demoskopischen Befragung muß, um Aussagen bestätigen zu können, meist mehrere Bestimmungsgrößen durch Fragen auf verschiedenen ‚Ebenen' aufzuschlüsseln versuchen und die wahren Antworten oft indirekt herausbekommen. Besonders trifft dies zu bei einem so komplexen Phänomen wie der Steuermentalität, die zudem durch persönliches Verhalten bezüglich der Steuerpflicht, worüber man sich nicht äußert, schwer zugänglich ist.

So erfassen die Untersuchungen der Schmöldersschen Schule zunächst die Unterschiede in den staatsbürgerlichen Einstellungen, da hiervon eine enge Beziehung zur Steuermentalität unterstellt wird. Man verwendet die Erkenntnisse der Arbeiten von Almond und Verba[45] und geht insbesondere von deren Begriffschema aus. Diese wollen die „politische Kultur", bezeichnend die institutionelle Dimension *und* die Grundorientierungen der Staatsbürger zum politischen System eines Landes, erfassen durch demoskopisches Erforschen folgender Fakten: 1. Kenntnisse über das politische System, seine Rollen und Rollenträger, 2. Empfindungen gegenüber dem politischen System, 3. Urteile und Meinungen über das politische System bzw. Teile (z. B. Legislative, Bürokratie), Rollenträger und politische Entscheidungen.

Bei den Untersuchungen werden natürlich nur die Einstellungen (Attitüden) ergründet, soweit sie für die Steuermentalität relevant sein können.

---
[43] *Joachim Vogel:* Aspirationer, möjligheter och skattemoral, En rättssociologisk undersökning av deklaranter, Diss. Stockholm 1970 (Aspirationen, Möglichkeiten und Steuermoral; Zsfass. in engl. Sprache).
[44] Zuerst veröffentlicht in: *Schmölders:* Das Irrationale und *Strümpel:* Deutsche Selbständige.
[45] *Gabriel Almond* und *S. Verba:* The Civic Culture, Princeton 1963. In diesem Hauptwerk befassen sie sich mit den USA, England, BRD, Italien und Mexiko.

Insbesondere wird bei den Analysen die Unterscheidung getroffen zwischen Einstellung zum Staat als abstrakter Idee und die Einstellung zum Staat als Verkörperung sozialer Erscheinungen. Es zeigt sich, daß ein positiver Einfluß auf die Erfüllung der Staatsbürgerpflichten nur vorliegt, wenn neben die Befürwortung des Staates an sich auch die Bejahung seiner konkreten Existenz tritt.

Die nächste Einstellungsebene, vor der man Aufschlüsse über die Steuermentalität erwartet, ist die Haltung zur Besteuerung. Man sucht diese zu erhellen durch Assoziationstests und Satzergänzungstests mit dem Wort Steuer. Sodann erfrägt man Urteile über die Gerechtigkeit des Steuersystems, die Steuerbelastung, die Steuerbeamtenschaft usw.

Durch Befragung auf sehr konkreter Ebene sucht man die Einstellung zum Steuerdelikt zu erfassen. Da hier die Informationshemmnisse wegen der Brisanz bzw. persönlichen Betroffenheit besonders stark sind, ist man bemüht, durch mehr indirekte Fragen die Attitüden zu ergründen. Man frägt daher nach Meinungen über Steuersünder, die Steuerbestrafung und die Wertung verschiedener Deliktsfälle.

Die Mehrzahl der Befragungsergebnisse kann aufgeschlüsselt werden nach Beruf, Alter, Geschlecht, Gegend bzw. Ortsgröße und Bildungsniveau. Es ist damit die Möglichkeit gegeben, das Primärmaterial genauer zu analysieren. Die Ergebnisse daraus fundieren nur die Signifikanz der internationalen Steuermentalitätsunterschiede.

c) *Rein statistische Versuche*

Da gegen hermeneutische, empirisch-deskriptive und vereinzelt auch gegen demoskopische Arbeiten der Vorwurf der ‚Subjektivität' erhoben wird[46], sollen abschließend die Möglichkeiten dargestellt werden, die durch die ‚exaktere' Methode des Zusammenstellens statistischer Zahlen die Steuermentalität zu erfassen suchen.

α) Theoretische Möglichkeiten

αα) Die Steuerquote, d. h. das Verhältnis der Steuereinnahmen zum Volkseinkommen, als Maß der Steuerwilligkeit der Staatsbürger zu nehmen, hat keinen Sinn. Es kann aus einer wachsenden Steuerquote höchstens die sozioökonomische Höherentwicklung des betreffenden Staates und eine Verbesserung der Steuertechnik abgelesen werden[47].

Mit welchen Hinterziehungssätzen, gegen welchen Steuerwiderstand die Steuereinnahmen durchgesetzt wurden, sagt sie nichts aus.

---

[46] Vgl. die Ausführungen über die „Unschärferelation", S. 14 f.

[47] *Burkhard Strümpel:* Steuersystem und wirtschaftliche Entwicklung, Funktion und Technik der Personalbesteuerung im sozioökonomischen Wandel, Tübingen 1968.

ββ) Die Steuererfüllung (tax compliance) ist ein gutes Maß für die Funktionsfähigkeit eines Steuersystems. Unter Steuererfüllung versteht man, inwieweit „die gesetzlich festgelegte Bemessungsgrundlage steuerlich effektiv erfaßt und wirksam zur Besteuerung herangezogen"[48] wird. Neben den Problemen der praktischen Erfassung ergeben sich gegen die Verwendung der Steuererfüllung als Kenngröße der Steuermentalität auch theoretische Vorbehalte. Sie könnte nämlich für den internationalen Vergleich nur herangezogen werden, wenn gleiche Besteuerungsformen mit gleichen Sätzen verwirklicht wären. Die Steuererfüllung hat jedoch selbst dann kaum Aussagekraft, da die Steuereinnahmen je nachdem von der Einkommens-, Vermögensverteilung oder Wirtschafts- bzw. Produktionsstruktur abhängen.

γγ) Die Zahl der Prozeßfälle für einen Vergleich der Staaten zu verwenden, ist leider auch nicht möglich. Wohl werden im statistischen Jahrbuch der Bundesrepublik diese Zahlen jährlich aufgeführt und auch in anderen Ländern sind entsprechende Angaben zu erhalten. Jedoch sagen diese Zahlen nichts über die Dunkelziffer nicht aufgedeckter Fälle aus, die von Land zu Land verschieden sein dürfte. Auch ist das Steuerstrafrecht und Strafverfahren selbst stark von der Steuermentalität geprägt und damit die Zahl der erfaßten Deliktsfälle.

Die sehr behutsame Steuertechnik in England z. B. läßt Beichelt die Zahl der außergerichtlichen Vergleiche zur Analyse der Entwicklung der Steuermoral verwenden[49]. Einen Augenmerk auf entsprechende Zahlen zu richten und insbesondere bei Steueränderungen die Variierung zu beachten, kann Anhaltspunkte für die Steuermoral geben.

δδ) Eine Statistik der Steuermoral, die vielseitig und aufwendig die Nach- und Strafsteuern, Steueramnestien, Schätzungsergebnisse usw. erfaßt, hätte eine gewisse Aussagefähigkeit. Jedoch ist „die Statistik der Steuermoral .. noch in keinem Land ausgebaut worden"[50]. Überhaupt wird man sich der negativen Meinung von Bickel über statistische Steuerzahlen gerade bei internationalen Vergleichen anschließen müssen: „Unter Umständen kann einer Steuerstatistik kaum mehr ein Wert für die Erkenntnis der tatsächlichen Einkommensverhältnisse zugesprochen werden, vielmehr wird sie geradezu zum beredten Ausdruck der Unzulänglichkeit der Steuergesetzgebung und Steuerpraxis[51]."

---

[48] *Schmölders:* Finanz- und Steuerpsychologie, S. 119.
[49] *Bernd Beichelt:* Die Steuermentalität der Engländer, Diss. Köln 1969, S. 55 f.
[50] *Wilhelm Bickel:* Finanzwissenschaft und Statistik, in: HdFW, Bd. 1, Tübingen 1950, S. 151.
[51] Ebenda, S. 151.

β) Durchgeführte Versuche

αα) Graumann und Fröhlich wollen im sogenannten quantifizierenden Ansatz der schon genannten Studie „eine statistisch klare Definition des Steuerwiderstandes geben durch Eliminierung jener Faktoren, die den Steuerwiderstand ausmachen, mittels der naturwissenschaftlich operierenden Psychologie"[52]. Sie definieren folgendermaßen:

$$S_m \text{ Steuerwiderstand} = \frac{S_f \text{ faktisches Steueraufkommen (in \% des maximalen Steueraufkommens)}}{S_o \text{ optimal (erhoffbares) Steueraufkommen}}$$

Die Gleichung stellt faktisch nichts anderes dar, als eine mögliche Definition dessen, was sonst mit Steuererfüllung bezeichnet wird. Wegen der genannten beschränkten Aussagefähigkeit und besonders der Problematik der praktischen Erfassung der Größen — nur das „faktische Steueraufkommen" kann einer Steuerstatistik entnommen werden — wurde der Ansatz trotz Bekanntheit und häufigem Zitieren unter Bezugnahme auf ihn nie verwirklicht und auch von den Verfassern selbst nicht an einem Beispiel praktiziert.

ββ) Adám Schmidt hat schon 1944 in einem unbekannteren Aufsatz[53] die Messung der Steuermoral in ähnlicher Art vorgeschlagen und durchgeführt. Für Ungarn berechnet er den Quotient aus den geschätzten Vermögenswerten, die aus für nichtsteuerliche Zwecke gemeldeten und allgemeinen statistischen Angaben gewonnen werden, und dem versteuerten Vermögen. Diesen Quotienten nimmt er als Kenngröße der Steuermoral. Es brauchen nicht die Gründe genannt zu werden, die eine internationale Vergleichbarkeit ausschließen.

γγ) Mario Rey machte eine ausführliche Untersuchung der Steuerhinterziehung bei der allgemeinen Umsatzsteuer Italiens[54]. Er errechnet die Wertschöpfung der Volkswirtschaft und schätzt die Umsatzgrößen und vergleicht sie mit dem Steuerertrag. Er kommt dabei auf eine Hinterziehungsquote von beinahe 30 - 50 %. Vergleichbare Untersuchungen in anderen europäischen Ländern sind mir nicht bekannt. Man wird sagen können, daß diese hohen Hinterziehungssätze mit durch die Steuertechnik bedingt sind. Die Konstruktion der Mehrwertsteuer,

---

[52] *Graumann/Fröhlich:* Ansätze, S. 419.

[53] *Adám Schmidt:* Az adómorál és mérése, in: Közgazdasági Szemle, Kiadja a Magyar Közgazdasági Társaság, Bd. 87, Budapest 1944 (Die Steuermoral und ihre Messung, in: Volkswirtschaftliche Rundschau; Dt. Zusammenfassung, S. 3 f.).

[54] *Mario Rey:* Estimating Tax Evasion: The Example of the Italian General Sales Tax, in: Public Finance, Bd. 20, The Hague 1965.

der taxe sur la valeur ajoutée und der alten deutschen Bruttoallphasenumsatzsteuer schließen solche hohe Sätze bei dem in Europa gegebenen Wirtschaftsstand aus.

δδ) H. M. Groves' Untersuchung: „Empirical Studies of Income Tax Compliance"[55] ist von ihrem methodischen Vorgehen her noch nennenswert. Im Gegensatz zu vorhandenen Studien, die nur Gesamtgrößen betrachten, also Vergleiche zwischen geschätztem Volkseinkommen und gesamtem steuerlichen Einkommen anstellen, schlägt er vor, einzelne Sektoren zu betrachten. Er analysiert einen Bereich der amerikanischen Landwirtschaft, wobei er auch direkten Einblick in die Unterlagen der Steuerbehörden bekommt.

In Deutschland wären entsprechende Untersuchungen nicht möglich wegen der strengen Geheimhaltungspflicht des Finanzamtes.

III. Kritische Würdigung

1. Statistische Fassung

Die dargestellte breite Palette der möglichen Forschungsansätze zur Erfassung der Steuermentalität zeigt, wie schwierig die Problematik der internationalen Unterschiede der Steuermoral ist. Die Schilderung der verschiedenen Untersuchungen und ihrer Methoden sollte verdeutlichen, daß auf vielen Wegen vorgegangen werden muß, um das komplexe Phänomen Steuermentalität zu beschreiben.

Die dargelegten Versuche einer statistischen Fassung der Steuermentalität sind ungeeignet, die Steuermentalität zu beschreiben, oder so zu definieren, daß man internationale Unterschiede nachweisen kann. Das verfügbare Zahlenmaterial ist zu beschränkt; so sind auch die Schwierigkeiten, die schon beim internationalen Vergleich von statistischen Zahlen wie Volkseinkommen, Sparrate usw. auftreten, bei einem so vielschichtigen Problem einer ‚Verhaltensgröße' um ein vielfaches größer.

2. Definitorische Fassung

Die geisteswissenschaftlich ausgerichteten Arbeiten führen die Bedeutung und die Wichtigkeit der Steuermentalität vor Augen. Sie zeigen die Kompliziertheit der Bestimmungsfaktoren und damit, wie schwierig eine Kausalanalyse der Steuermentalität ist. Trotz allen

---

[55] *H. M. Groves:* Empirical Studies of Income Tax Compliance, in: National Tax Journal 1958.

vermittelten Einsichten liefern die Untersuchungen doch keinen solchen exakten Begriff der Steuermentalität, mit dem man die Unterschiede der verschiedenen Nationen empirisch überprüfen könnte. Auch sind die Untersuchungen nicht gut geeignet speziell für einen internationalen Vergleich der Steuermoral.

Die sozialwissenschaftlichen Studien, die als hermeneutisch vorgehend zusammengefaßt wurden, decken die vielfältigen Bestimmungsfaktoren der Steuermentalität auf. Durch genaue Analyse dieser werden die Ursachen der Steuermentalität erhellt und die internationalen Unterschiede erklärt.

3. Empirische Überprüfung

a) Empirisch abgesicherte Ergebnisse und für einen exakten internationalen Vergleich formulierte Aussagen ergeben die Studien, die empirisch-demoskopisch vorgehen. Sie überprüfen die Signifikanz der Unterschiede und bemühen sich mittels der Korrelationsrechnung die Funktionalbeziehungen und Kausalität der Bestimmungsfaktoren zu überprüfen.

b) Gerade gegen diese Untersuchungen, die sich der Methoden der empirischen Sozialforschung bedienen, wurden teilweise in der Literatur Bedenken erhoben.

So wendet Theo Keller im Finanzarchiv gegen den Artikel Strümpels „Der Schweizer als Steuerzahler" ein, daß die Befragten und Antworten nicht hinlänglich repräsentativ seien[56]. Dies versteht Keller offensichtlich nicht als Kritik an den Auswahlkriterien, sondern als grundsätzliche Ablehnung dieser Forschungsrichtung. Er bringt nämlich weiterhin als Schwäche der empirischen Studien von Strümpel und Schmölders vor, „daß bei einer Momentaufnahme, wie sie die einmalige repräsentative Befragung darstellt, die Erscheinungen allzu sehr nur aus dieser Augenblickslage heraus beurteilt werden"[57].

Noch massiver bringt Simmich grundsätzlich Einwände gegen soziologische Methoden vor unter Verweis auf verschiedenste ähnliche Meinungen in der Literatur. Als Jurist stört er sich insbesondere an der Anonymität der Befragungen, womit „die sittliche Bedingung des Rechtes auf Mitgestaltung der öffentlichen Meinung"[58] fehle. Er kommt zu dem Urteil: „Zusammengefaßt ergibt die kritische Würdigung des bisher vorliegenden soziologischen Materials, daß es keine vertretbaren

---

[56] *Theo Keller:* Der Schweizer als Steuerzahler, in: Finanzarchiv, N.F., Bd. 25, Tübingen 1966, S. 242 f.
[57] *Keller:* Schweizer, S. 242.
[58] *Claus Simmich:* Die Steuermoral als verfassungsrechtliches und steuerrechtliches Problem, München 1967, S. 19.

III. Kritische Würdigung

Rückschlüsse auf die Moral oder Unmoral der Steuerpflichtigen zuläßt[59]."

Vogel betont in seinem im allgemeinen sehr informativen Aufsatz über Wirkungen der Besteuerung, daß die von der empirischen Sozialforschung festgestellten Unterschiede weit übertrieben seien; er glaubt, „daß eine allmählich modernisierte Steuerverwaltung ihn (den Bürger der romanischen Staaten; d. Verf.) zur Gewöhnung an die neuen Steuernormen zwingt"[60].

Die Erfolge der empirischen Sozialforschung auf vielen Gebieten zeigen, daß trotz möglicher erkenntnistheoretischer Vorbehalte sie eine brauchbare und zuverlässige Methode darstellt auch komplexe soziale Erscheinungen aufzuhellen. Daß bei dieser Methode die Hypothese als Konzeption der zu findenden Ergebnisse wegen der genannten Unschärferelationen das Ergebnis bzw. seine Erkenntnis beeinflußt, hindert nicht, daß die Untersuchungen laufend kleine Korrekturen der Erkenntnis bringen[61]. Die Tatsache, daß eine Hypothese, verstanden als Konzeption des Ergebnisses, als ‚Vorurteil' über das zu Ergründende immer die Erkenntnis beeinflußt, ist bei jeder Forschung gegeben.

Wie die Korrektur eines ‚Vorurteils' möglich ist durch die verschiedenen Methoden, veranschaulicht nachfolgendes Beispiel. Das Beispiel zeigt auch nochmals die Aussagefähigkeit der einzelnen angeführten Forschungsmethoden: Aus verschiedenen Gründen ist das Bild über England allgemein sehr positiv und idealistisch. Somit unterstellen alle Autoren eine große Staatsverbundenheit und gute Steuermoral. Neumark überhöht die englische Finanzpolitik zum positiven Idealtypus. Auch Schmölders glaubt in seinen ersten Schriften, in England die beste Steuermentalität zu finden. Scholten geht von dieser Meinung aus und behält sie aufgrund seiner semantischen Analyse bei, obgleich ihm die allmähliche Verdrängung des Wortes duty durch tax, das etymologisch gesehen Belastendes ausdrückt[62], hätte zu denken geben müssen. Die Studie von Schmölders' Institut, die die Steuertechnik und Steuerpraxis beschreibt, muß feststellen, daß die Steuertechnik ungemein behutsam vorgeht, wie es für die schlechte Steuermoral der ‚Südländer' gerechtfertigt wäre. Die demoskopischen Untersuchungen führen zu einer Korrektur der Auffassung über die Steuermentalität der Engländer. Sie zeigen, „daß legale und illegale Steueraus-

---

[59] Ebenda, S. 22.
[60] *Horst Vogel:* Wirkungen der Besteuerung in wirtschafts- und gesellschaftspolitischer Sicht sowie auch im internationalen Vergleich, in: Steuerberater Jahrbuch 1969/70, S. 111.
[61] *Günter Schmölders:* 10 Jahre sozialökonomische Verhaltensforschung, Ordo Bd. 14, Düsseldorf—München 1963.
[62] *Schmölders:* Finanz- und Steuerpsychologie, S. 114.

weichung die Durchsetzung der Besteuerung — trotz relativ enger Bindungen der Bürger an den Staat — stärker als bisher angenommen behindern"[63].

---

[63] *Beichelt:* Engländer, S. 118.

C. Die Bestimmungsfaktoren der Steuermentalität

I. Definitorische Klarstellung

Die in beiden vorhergehenden Kapiteln dargelegten Schriften zeigen die Vielfalt der Untersuchungen, die erforderlich sind, umfassende Aussagen über die Steuermentalität zu erhalten bzw. die verschiedenen Methoden zu ihrer Fassung darzulegen. Nachdem die Schriften mit verschiedenen Begriffen arbeiten und unterschiedliche Vorstellungen über den Komplex staatsbürgerlichen Verhaltens enthalten, gilt es mit den dargestellten Erkenntnissen, die Steuermentalität definitorisch zu fassen.

Unter Steuermentalität sind alle Einstellungen und auch Verhaltensweisen zu verstehen, die der Bürger gegenüber der Steuer und dem steuerheischenden Staat einnimmt. Die Steuermentalität soll somit den Begriff der Steuermoral, also die Einstellungsebene, und den der Steuerdisziplin, also das daraus folgende Verhalten, umfassen.

Einen sehr deutlichen Ausdruck findet die Steuermentalität im Steuerwiderstand. Der übliche Begriff des Steuerwiderstandes (aktiver) ist enger als die Steuermentalität, da er sich nur auf die Reaktion des Steuerpflichtigen gegenüber der Steuer bezieht und nicht auch seine Einstellungen umfaßt. Der sogenannte passive Steuerwiderstand von Gerloff ist sehr weit gefaßt; er versteht ja darunter die „natürlichen d. h. in der Struktur der Wirtschaft, dem intellektuellen und moralischen Zustand der Bevölkerung, dem Stand der Technik und dergleichen gegebenen Hemmungen"[1]. Er schließt also auch sozioökonomische Faktoren ein. Der Begriff der Steuermentalität demgegenüber stellt die Verhaltensseite, die psychischen Faktoren in den Vordergrund.

Da der sozioökonomische Entwicklungsstand der westlichen Industrienationen verhältnismäßig ähnlich ist, jedoch im Spannungsverhältnis Bürger und Steuerstaat ganz beträchtliche Unterschiede da sind, ist der Begriff der Steuermentalität viel besser geeignet, diese Unterschiede zu zeigen.

---

[1] *Gerloff:* Steuerwirtschaftslehre, S. 295. Vgl. auch *Fritz Schnürer:* Die Steuerwiderstände, Diss. Frankfurt 1952, S. 249 f. Der Begriff des passiven Steuerwiderstandes hat jedoch keinen Eingang in die Literatur gefunden.

C. Die Bestimmungsfaktoren der Steuermentalität

Zur genauen Beschreibung der Steuermentalität und als Grundlage einer Kausalanalyse sollen nachfolgend die einzelnen Bestimmungsfaktoren dargelegt werden.

II. Bestimmungsfaktoren der Steuermentalität

1. Die Bindung der Bürger an den Staat

Die meisten Studien nehmen die plausible These an, daß das Staatsbewußtsein die steuerliche Gesinnung der Bürger und in Konsequenz daraus ihr steuerliches Handeln, also ihre Steuermentalität bestimmt. Ein hohe politische Kultur bedingt eine gute Steuermentalität und umgekehrt. Jedoch muß bei genauerer Betrachtung dieser Zusammenhang etwas relativiert werden, besonders wenn die Steuermentalität international verglichen wird.

Von Schmölders war die Wichtigkeit der Unterscheidung zwischen Einstellung zum Staat als abstrakter Idee und der emotionellen Bindung an das Staatswesen betont worden. Nur von letzterer ist die Steuermentalität hauptsächlich geprägt.

Jedoch ist die Staatseinstellung nur eine Einflußgröße, die durch gegenläufige verdeckt sein kann. So nennt z. B. Spitaler als Beispiel gegen diesen Zusammenhang, daß „die ungarischen, meist aristokratischen Großgrundbesitzer ... die steuerehrlichsten (waren), obwohl sie als ungarische Patrioten den tschechoslowakischen Staat ehrlich gehaßt haben"[2].

Auch müßte die politische Kultur Englands eine positivere Steuermentalität vermuten lassen.

Daß jedoch die Bindung an den Staat einen Faktor darstellt, der berücksichtigt werden muß, zeigt die hohe Korrelierung zwischen Staatsverbundenheit und Größe des Gemeinwesens einerseits, und Gemeinwesengröße und Steuermoral andererseits im internationalen Vergleich, wie im innerstaatlichen. Die Schweiz hat die höchste Steuermoral. Desgleichen lassen sich geschichtliche Beispiele von Stadtstaaten mit hervorstechend guter Steuermoral anführen[3]. Die demoskopischen Untersuchungen in Deutschland und den Niederlanden zeigen in kleineren Orten eine wesentlich schlechtere Steuermoral als in großen Orten, wo

---

[2] *Arnim Spitaler:* Das Problem der internationalen Vergleichbarkeit der Steuermoral, in: Steuerberater-Jahrbuch 1955/56, hrsg. v. A. Spitaler, Köln 1956, S. 79.

[3] *Otto Veit:* Grundlagen der Steuermoral. Eine finanzsoziologische Studie, in: Zeitschrift für die gesamte Staatswissenschaft, Bd. 83, Tübingen 1927, S. 331.

der ‚Staat' überall gegenwärtig ist, der Abstand zum Steuernehmer geringer ist[4].

Das Fehlen einer guten, allgemeinen Staatsverbundenheit verhindert auch eine so staatstreue Beamtenschaft zu erhalten, die sich auf die Dauer einer Laxheit in steuerlichen Dingen entziehen kann. Von hierher ist dann ein weiterer Faktor gegeben, der die Steuermentalität verschlechtert.

Die emotionelle Bindung des Bürgers an den Staat wird sicherlich von seiner Bewertung des politischen Systems geprägt. Allgemein wird angenommen, daß bei einer stärkeren Verwirklichung der Idee der Demokratie eine stärkere Identifikation von Bürger und Staat gegeben sei; jedoch wird der Nachweis einer klaren Tendenz unmöglich sein. Trotz allen institutionellen Unterschieden ist der staatsbürgerliche Alltag doch in den westeuropäischen Staaten relativ ähnlich.

Auch hat bei diesen Ländern die Beurteilung der Steuermittelverwendung z. Z. keinen starken Einfluß auf die Steuermentalität. Die Probleme der Staatsorganisation und des Staatshaushaltes sind zu kompliziert, als daß man sich damit auseinandersetzt[5].

Doch bei weltweiter und geschichtlicher Perspektive wird man diese Seiten der politischen Kultur beachten müssen. Der fehlenden Identifikation des Dritten Standes in Frankreich mit dem Staat und die Ablehnung seiner unsinnigen Verschwendung der Steuern, was zur französischen Revolution führte, ging ein Niedergang der Steuermentalität voraus. Vielen Staatsumstürzen in der Geschichte ging nicht nur eine Zerstörung der Staatsverbundenheit, sondern auch ein Niedergang der Steuermentalität voraus (Boston Tea Party, Abfall der Niederlande, Bauernkriege usw.).

Die Entfremdung von Bürger und Staat, die die Steuermentalität verschlechterte, ist immer begleitet von einer zunehmenden Mißbilligung der Steuermittelverwendung. Die Akzeptierung einer Staatsidee und einer Vorstellung über die Verwendung der Staatsfinanzen ist natürlich eine Frage einer bestimmten Wertordnung, der vorherrschenden Weltanschauung, des „Zeitgeistes", weswegen letztlich auch von dort her die Steuermentalität geprägt wird.

---

[4] Vgl. *Erich Deppe:* Die Steuermoral in den Niederlanden — eine Leitstudie am Beispiel der freien Berufe, Diss. Köln 1968, S. 55 ff. und *Burkhard Strümpel:* Steuermoral und Steuerwiderstand der deutschen Selbständigen, ein Beitrag zur Lehre von den Steuerwirkungen, Forschungsberichte des Landes Nordrhein-Westfalen, Köln und Opladen 1966, S. 32 ff.

[5] Vgl. die demoskopischen Untersuchungen bei *Schmölders:* Finanzpsychologie, S. 28 ff.

2. Persönliche Faktoren beim Steuerpflichtigen

Bei den demoskopischen Untersuchungen wurden die Zusammenhänge zwischen der Steuermentalität und verschiedenen demographischen Faktoren eingehend untersucht. Es zeigten sich enge Beziehungen zwischen Steuermentalität und persönlichen Faktoren beim Steuerpflichtigen.

a) Das Einkommen ist überall deutlich mit der Steuermoral und -mentalität korreliert, und zwar ist bei höherem Einkommen die Steuermoral schlechter. Gründe dafür kann man finden in den bei höherem Einkommen eher gegebenen Möglichkeiten der Steuerminderung und im wachsenden Steuerwiderstand, seitdem die Redistributionsabsichten des Staates intensiver verwirklicht werden. Auch sind Einkommen und Beruf miteinander gekoppelt, daß durch den Berufsstand die Mentalität in Steuerdingen erklärt werden kann.

Der Vergleich der verschiedenen Berufsgruppen ergab nämlich in allen untersuchten Ländern einheitlich eine hervorstechend schlechte Steuermentalität der Selbständigen, die ja im Schnitt höher verdienen. Der Fiskus muß vom Selbständigen laufend die Mithilfe bei der Steuer fordern: In der Selbstdeklaration und der kostenverursachenden Feststellung des Einkommens, der Umsätze und Löhne, so daß der Steuerpflichtige andauernd mit dem steuerfordernden Staat konfrontiert ist. Dies ruft natürlich Widerstände hervor.

b) Wie Holtgrewe u. a. überzeugend darlegen, steht psychologische gesehen die Steuerzahlung im scharfen Gegensatz zu dem materiellen Eigeninteresse des Bürgers. Deshalb wurde auch der Einfluß der persönlichen Grundhaltung der Steuerpflichtigen betrachtet. Die Ergebnisse bestätigen die Annahme, daß bei hohem Anspruchsniveau an die Lebenshaltung eine schlechte Steuermoral gegeben ist. Wenn bei der Berufsorientierung unterschieden wird, „erfolgsorientierte", „immateriell orientierte" und „sicherheitsorientierte", zeigen wiederum die „erfolgsorientierten", also hohes Einkommen erstrebende, die schlechteste Steuermentalität[6].

c) Die demoskopischen Untersuchungen können keinen nennenswerten Einfluß der Konfession auf die Steuermentalität aufdecken, jedoch zeigte sich die Religiosität in allen Ländern als ein bemerkenswert starker Faktor. Mit zunehmender Religiosität wird die Steuermoral strenger.

Höheres Alter ist auch immer mit besserer Steuermentalität verbunden. Vielleicht ist dies bedingt durch den bei Älteren größeren Anteil der „Sicherheitsorientierten" und/oder einer Korrelation von Alter und Religiosität.

---

[6] z. B. *Strümpel*: Selbständige, S. 56 f.

d) Verschiedentlich[7] wird auch nach der Bildung der Befragungspersonen differenziert. Einer höheren Ausbildung ist eine größere Akzeptierung des Staates zugeordnet. Wohl kann dies mit der psychologischen These erklärt werden, daß eine bessere Information über eine Sache eine stärkere Akzeptierung hervorruft. Da jedoch eine entsprechende Kopplung mit der Steuermoral in diesen Fällen nicht aufgedeckt werden konnte, wird meiner Ansicht nach hier eine Grenze demoskopischer Befragungen sichtbar. Die ‚Unschärferelation' tritt deutlich hervor: Aufgrund der Ausbildung wird die erwartete Anwort erkannt und wegen der stärkeren Akkulturation der Gebildeteren gegeben.

e) Die Untersuchung der genannten demographischen Faktoren und persönlichen Einstellungen ist zur Erfassung der Steuermentalität sehr fruchtbar, da manche, wie z. B. der Berufsstand, wichtige Bestimmungsfaktoren sind.

Die Unterschiede der Steuermentalität der europäischen Staaten können anhand gerade dieser persönlichen Faktoren nicht erklärt werden, da sie sich in den einzelnen Ländern nicht stark unterscheiden.

3. Sozioökonomischer Entwicklungsstand des Landes

Für die Beurteilung der Mentalitätsunterschiede muß der sozioökonomische Entwicklungsstand der verschiedenen europäischen Staaten auch beachtet werden, obwohl dieser im weltweiten Vergleich ziemlich ähnlich ist.

Daviter vertritt im Falle Italien die Meinung, daß hier die sozioökonomische Entwicklung trotz Alphabetismus und Verstädterung noch nicht so weit ist, daß man von einer „participant society", also einer am Staatsleben interessierten Gesellschaft, sprechen kann und nennt mehrere entsprechende Untersuchungen[8]. Dies verhindere von vorneherein eine Staatseinstellung, die die Bedeutung des Staates anerkennt und die Steuerpflicht akzeptiert.

Beim Vergleich der europäischen Staaten muß man sehen, daß solche soziokulturellen Unterschiede verschiedene Steuermentalität bewirken. In der Akzeptierung des Staates, den Forderungen an den Staat, der Bewertung seiner Wichtigkeit sind beachtenswerte Unterschiede. Z. B. ist die in Deutschland und besonders England zu findende Wohlfahrts-

---

[7] *Schmölders:* Finanz- und Steuerpsychologie, S. 20 f.; u. a.
[8] *Jürgen Daviter:* Italien: Administrative Ermessensfreiheit — Steuerwirklichkeit ohne Steuernorm, in: Daviter u. a., Steuernorm und Steuerwirklichkeit, Bd. 2, S. 107 f.

mentalität, das wohlstandsstaatliche Denken[9], in den südlichen Ländern nicht zu finden. In solchen Wohlfahrtsstaaten ist bei den Bürgern eher Verständnis für hohe Staatseinnahmen und damit die Steuerzahlung gegeben.

Die wirtschaftliche Komponente des sozioökonomischen Entwicklungsstandes, die Wirtschaftsstruktur, läßt die Unterschiede zwischen den Staaten deutlicher erkennen. Die Wirtschaftsstruktur bedingt ein bestimmtes Verhältnis verschiedener Berufsstände und Wirtschaftssektoren. Ist der landwirtschaftliche und kleingewerbliche Bereich noch stark vorherrschend, so hat die fehlende Rechenhaftigkeit im Wirtschaftsleben[10] und das erfahrungsbedingte Gefühl, nicht so auf den Staat angewiesen zu sein, größere Steuerwiderstände zur Folge. Auch erhöht eine Berufsstruktur mit vielen Selbständigen, insbesondere kleineren, den Anteil derer, die die schlechteste Steuermentalität haben.

4. Die Steuertechnik[11]

a) Eine weitere beachtenswerte Beziehung besteht zwischen der Steuertechnik und der Steuermentalität. Die Steuertechnik wird in ihren Möglichkeiten in gewissem Maße durch den sozioökonomischen Entwicklungsstand beschränkt, denn niedrige Entwicklung und geringe Rechenhaftigkeit der Wirtschaft schließen eine anspruchsvolle Steuertechnik aus. Jedoch ist die verwirklichte Steuertechnik vor allem Ausdruck, welche Steuerpraxis bei der herrschenden Steuermentalität verwirklicht werden kann.

Dies wird am Beispiel Frankreich, Spanien und Italien deutlich. Dort wurde eine ‚moderne' Personalbesteuerung nach englischem und deutschem Vorbild eingeführt für die meisten Bereiche, auch für die Gewerbetreibenden und Freiberufler, jedoch wurde diese Einkommensteuer in der Praxis beinahe zu einer Objektsteuer denaturiert[12], d. h. die Steuerhöhe wird nach äußerlichen, sichtbaren Indizes (Belegschaftsstärke, Maschinenpark, Lebenshaltungsmerkmale) festgelegt. Die Administration hat also aufgegeben, die Steuerpflichtigen zur Kooperation zu veranlassen, sie verlangt nicht genaue Aufzeichnungen, oder Angaben vom Steuerpflichtigen. Außer bei Großbetrieben wird die Steuerhöhe aufgrund der Schätzgrößen zumeist „ausgehandelt". „Die Abweichung vom Gesetz ist der Normalfall, nicht der Ausnahmefall der Besteuerung[13]." Die Behörden haben somit große Ermessensbereiche, obwohl

---

[9] *H. Schelsky:* Die skeptische Generation, Düsseldorf und Köln 1958.
[10] Vgl. *Strümpel:* Steuersystem. Dort bringt er auch geschichtliche Beispiele.
[11] Zur Definition der Steuertechnik vgl. S. 29.
[12] *Strümpel:* Steuersystem.
[13] *Schmölders:* Finanz- und Steuerpsychologie, S. 123.

ihnen doch gerade wegen der geringen Staatsverbundenheit der Bürger stark mißtraut wird.

Hier zeigt sich, daß die Steuertechnik nicht nur durch die Steuermentalität geprägt ist, sondern daß auch umgekehrt die Steuertechnik einen Einfluß auf die Steuermentalität ausübt. Die Beurteilung der Gerechtigkeit des Steuersystems und der Steuerverwaltung ist in südlichen Ländern laut den empirischen Untersuchungen vernichtend. Es ist sicher so wie Schmölders und Stümpel meinen, daß „durch das Fortbestehen der Diskrepanz zwischen Steuergesetz und Steuertechnik ... das Gerechtigkeitsgefühl, das sich plausiblerweise an den Steuer g e s e t z e n orientiert, empfindlich verletzt werden (muß)"[14].

b) Ein weiterer wichtiger Einfluß der Steuertechnik auf die Steuermentalität geht vom Konfrontationsgrad der Steuertechnik aus. Bei hartem Konfrontationsgrad scheint der Fiskus von der Annahme auszugehen, daß der Steuerpflichtige prinzipiell steuerunehrlich ist, und er ihn mit einer intensiven Technik und Kontrolle konfrontieren muß, um das Besteuerungsziel trotz Steuerunwilligkeit durchzusetzen.

Im Konfrontationsgrad zeigen England und Deutschland große Unterschiede, obwohl sich beide Länder auf eine relativ gute Steuermoral stützen können. Das englische Steuersystem behandelt den Pflichtigen äußerst nachsichtig, der Selbständige hat keinerlei Buchführungsvorschriften, Betriebsprüfungen sind faktisch unbekannt, Schätzungen nur bei offensichtlichen Hinterziehungen üblich. Bei der Steuermentalität schlägt sich diese Steuerpraxis in einer breiten Billigung des Steuersystems und einer Solidarität mit dem Fiskus, auch seinem Vorgehen gegen Steuersünder, nieder bei einer gleichzeitig sehr nachsichtigen Beurteilung des Steuersünders, was allgemein bei den Untersuchungen als Indiz für eine nicht gute Steuermoral genommen wird.

Deutschland andererseits zeichnet sich durch ein international einzigartig perfektioniertes Steuersystem aus. Sehr detaillierte Buchführungsvorschriften und scharfe Betriebsprüfungen setzen mit großen volkswirtschaftlichen Kosten die Steuergesetze durch. Dadurch wird die Steuermentalität in Mitleidenschaft gezogen. „Die ständige Beschäftigung mit dem Erlebnisbereich Steuer, der für das deutsche Steuersystem zumindest für die Selbständigen so charakteristisch ist, und die Bereitschaft der Finanzverwaltung, Reibungsverluste und Spannungen zum Zwecke der exakteren Veranlagung in Kauf zu nehmen, übt auf die Dauer einen nachteiligen Einfluß auf die Kooperationswilligkeit aus,

---

[14] *Günter Schmölders* und *Burkhard Strümpel:* Vergleichende Finanzpsychologie, Besteuerung und Steuermentalität in einigen europäischen Ländern, Hrsg. Akademie der Wissenschaft und der Literatur, **Darmstadt** 1968, S. 149.

der sich wiederum in einer verminderten Steuerdisziplin niederschlägt[15]."

c) Von der Steuertechnik können also die verschiedensten gegenläufigen Wirkungen auf die Steuermentalität ausgehen. Hat der Fiskus es aufgegeben, die Steuergesetze durchzusetzen, dann hat diese Denaturierung der Steuern mit ihrem Gegensatz zwischen Gesetz und Praxis eine schlechte Steuermentalität und schlechte Steuererfüllung zur Folge. Eine milde Durchsetzung der Steuergesetze als Mittelweg, den England einschlägt, wirkt positiv auf die Kooperationsbereitschaft, also die Steuermentalität und hilft damit eine Steuererfüllung zu erreichen. Die Milde der steuertechnischen Konfrontation selbst vergibt sich, eine gute Steuerfüllung durchzusetzen. Eine starke steuertechnische Konfrontation demgegenüber erzielt direkt eine gute Steuererfüllung. Da sie jedoch die Kooperationsbereitschaft und Steuermentalität verschlechtert, schwächt sie die hiervon ausgehenden positiven Einflüsse auf die Steuererfüllung.

5. „Gesetz der wachsenden Steuerwiderstände"

Mit diesem Gesetz meinte Gerloff die bei stärker werdender Steueranspannung zu beobachtenden zunehmenden Erhebungs- und Kontrollkosten sowie den durch Ausweichen der Pflichtigen tendenziell abnehmenden Steuerertrag[16]. Die Bedeutung zunehmend großen Steuerdruckes wird allgemein in der Literatur heruntergespielt. Meist verweist man, daß die Grenze der Besteuerbarkeit in der Wissenschaftsgeschichte laufend nach oben korrigiert wurde. Auch konnten empirischdemoskopische Arbeiten bei der Analyse der work-leisure-choice keine nennenswerten bzw. klar gerichteten Einflüsse erkennen; d. h. die Steuerhöhe verändert die Arbeitsleistung nicht.

Trotzdem ist anzunehmen, daß der Steuerdruck ein nicht außer acht zu lassender Faktor der Steuermentalität darstellt. Meiner Ansicht nach kann nur so die überragend hohe Steuermentalität in der Schweiz erklärt werden, die ja eine sehr niedrige Steuerquote hat. In der Steuertechnik ist die Schweiz Deutschland ziemlich gleich und in der geschichtlich-politischen Tradition und hohen Staatsgesinnung England sehr ähnlich. England und Deutschland haben jedoch eine viel schlechtere Steuermentalität.

---

[15] *Beichelt* u. a.: Steuernorm, Bd. 2, S. 15.
[16] *Gerloff:* Steuerwirtschaftslehre, S. 301 ff.

D. Vergleich der Steuermentalität verschiedener westeuropäischer Staaten

I. Problematik eines internationalen Vergleiches

Die ausführliche Darstellung der verschiedenen Forschungsansätze mit ihren unterschiedlichen Methoden zeigte wie schwierig es ist, die Steuermentalität in den Griff zu bekommen. Es schloß sich eine definitorische Fassung und eine Beschreibung der Bestimmungsfaktoren an. Obwohl nur die wichtigeren und einer exakteren Analyse zugänglichen Faktoren aufgeführt wurden, ergab sich ein recht buntes, vielschichtiges Bild.

Wenn auch die Bestimmungsfaktoren zu einer Beschreibung und einer Kausalanalyse eines Landes gut geeignet sind, so scheinen doch sehr viele Probleme bei einem internationalen Vergleich aufzutauchen. Die Bestimmungsfaktoren sind international nicht qualitativ und quantitativ annähernd vergleichbar gegenüberzustellen. Die Steuertechnik ist wegen ihrer diffusen Wirkungen kaum zu fassen und mit ihrer vielfältigen Ausgestaltung schwer zu beschreiben und zu vergleichen.

Der sozioökonomische Entwicklungsstand unterscheidet sich in Westeuropa nicht allzu sehr. Dies trifft auch zu bei den sogenannten persönlichen Faktoren beim Steuerpflichtigen, also Beruf, Einkommen, Bildung, Alter und weltanschaulichen Einstellungen, die zweifellos wichtige Bestimmungsgründe darstellen. Jedoch sind sie bei den europäischen Ländern zu ähnlich, als daß daraus zwischenstaatliche Unterschiede erklärt werden könnten. Bei den demographischen Größen ist dies ja bekannt und zu den Einstellungen ist zu bemerken, daß die Untersuchungen keine nennenswerte konfessionelle Differenzierung feststellen konnten und daß in der entscheidenden Bevölkerungsgruppe, den Selbständigen, der „Geist des Kapitalismus"[1] und die ‚materielle' Berufsorientierung in Europa gleich verbreitet ist[2].

Vielleicht können wohl in dem durchschnittlichen Bildungsstand europäischer Länder Unterschiede aufgedeckt werden, jedoch ist damit

---
[1] *Max Weber:* Die protestantische Ethik und der Geist des Kapitalismus, in: Gesammelte Aufsätze zur Religionssoziologie, Tübingen 1920.
[2] *Bernd Biervert:* Spanien: Berufsständische Repartition der Steuerlast, in: Beichelt u. a., Steuernorm, Bd. 2, S. 181.

nichts zur Erklärung der europäischen Steuermentalitätsunterschiede beigetragen. Das Problem ist hier, warum haben z. B. die italienischen Hochschulabsolventen, wegen der positiven Korrelation mit der Schulbildung in der Staatseinstellung an der Spitze stehend, trotzdem eine noch distanziertere Einstellung zur Steuerverwaltung als die Grundschüler in England und der BRD, die dort am negativen Ende der Skala stehen.

Überhaupt wurde die staatsbürgerliche Bindung bei den demoskopischen Befragungen der Kölner Institute am intensivsten erfaßt. Von Übersetzungsproblemen und den allgemeinen Einwänden gegen die Schwächen der empirischen Sozialforschung abgesehen, stellt dies sicher die beste Methode dar, hier international vergleichbare Ergebnisse zu erhalten.

II. Versuch einer Einstufung

1. Trotz allen Schwierigkeiten soll eine Einstufung wichtiger europäischer Staaten nach der Güte der Steuermentalität vorgenommen werden. Bei so pauschalen Urteilen über solch komplexe Tatbestände, die das Ergebnis eines Bündels verschiedenster entgegengesetzter Bestimmungsfaktoren darstellen, spielt die gefühlsmäßige Komponente, das Einfühlungsvermögen des „Verstehens" eine große Rolle. Dies sieht man bei den Einstufungen, die in der Literatur zu finden sind.

Neumark nimmt in dem genannten Artikel[3] eine Einstufung vor. Weit oben im Finanzgebaren und in der Steuermentalität steht England, Frankreich ist am negativen Ende der Skala. Dazwischen liegt Deutschland, wobei bei geschichtlich etwas ausgreifender Analyse Preußen mehr der englischen Solidität zugeordnet wird und die reichsdeutsche Mentalität etwas schlechter eingestuft wird.

Zu gleichen Ergebnissen kommt Jostock[4] bei einer Schätzung der Korrekturfaktoren internationaler Volkseinkommensstatistiken, die aus den Steueraufkommen berechnet wurden. Er bezieht auch Belgien und Italien in die Betrachtung ein, wobei er Belgien eine gleich schlechte Steuermoral wie Frankreich und bei Italien die allerschlechteste Steuermentalität unterstellt. Änlich nimmt Schmölders in seinen frühen Schriften ein Nord-Süd-Gefälle der Steuermentalität an. Dies findet er sogar in einzelnen Ländern selbst bestätigt, so in Belgien, Italien, Deutschland und Frankreich.

---

[3] *Neumark:* Gemeinsamkeiten.
[4] *Paul Jostock:* Über den Umfang des der Besteuerung entgehenden Einkommens. Ein Beitrag zur Volkseinkommensstatistik, in: Weltwirtschaftliches Archiv, Bd. 57, Jena 1943.

Ebenso glaubt Tiberghien, ein Nord-Süd-Gefälle der Mentalität feststellen zu können mit der Rangfolge Niederlande, Deutschland, Belgien, Frankreich, Italien[5].

2. Die nachfolgende pauschal wertende Einstufung soll nur einen Überblick geben. Sie stützt sich auf die Ergebnisse der Untersuchungen der Schmöldersschen Schule und versucht Erkenntnisse anderer Untersuchungen mit einzubeziehen, wobei sich keine nennenswerte Verschiebung der Einstufung, sondern nur eine Erweiterung ergibt.

Nach der Güte der Steuermentalität geordnet, ergibt sich folgende Pyramide für die EWG- und EFTA-Staaten und Spanien (Länder in einer Zeile haben ungefähr die gleiche Steuermentalität):

Schweiz
Skandinavische Länder, England
Luxemburg, BRD, Österreich, Niederlande
Spanien, Belgien
Frankreich
Italien

Da die verschiedenen Länder unterschiedlich intensiv untersucht wurden und teilweise ganz verschieden vorgehende Studien vorliegen, ist die Pyramide nur ein Anhaltspunkt.

Daher sollen nachfolgend kurz die einzelnen Länder charakterisiert werden. Von Schmölders' Instituten wurden demoskopische Untersuchungen bisher durchgeführt bzw. veröffentlicht nur für die Länder BRD, Schweiz, Frankreich, Großbritannien, Italien, Spanien und die Niederlande, wobei diese in Einzelheiten abweichen, daß ein Vergleich der Ergebnisse nur beschränkt möglich ist.

III. Kurze Charakteristik europäischer Staaten

1. Die Schweiz hat in vielem eine Sonderstellung inne. Sie sticht heraus durch die für einen hochentwickelten Industriestaat äußerst niedrige Steuerquote. Diese beruht natürlich nicht auf dem sozioökonomischen Entwicklungsstand oder einem unterentwickelten Staatsbewußtsein, das der öffentlichen Hand Geld vorenthält, sondern ist in der spezifisch „sparsamen Finanzgesinnung" der Schweizer, wie Großmann sagt, begründet. Die Befragungsergebnisse im Vergleich zu Deutschland zeigen eine äußerst große Staatsloyalität.

---

[5] *Albert Tiberghien:* Vergleichende Übersicht über das Steuerrecht in der EWG, in: Steuer-Kongreß-Report 1965, hrsg. v. Bundeskammer der Steuerbevollmächtigten u. a., München 1965.

Bei allen Antworten, die die Steuermentalität aufdecken, liegt die Schweiz an der Spitze aller untersuchten Länder. Diese hohe Steuermentalität kann man erklären aus der geschichtlich und politisch bedingten starken Staatsverbundenheit. Jedoch sollte auch beachtet werden, daß die niedrige Steuerbelastung (die jüngst erhöhte Einkommensteuerprogression geht bis 31 %) das Gerloffsche Gesetz der wachsenden Steuerwiderstände erst gar nicht zur Wirkung kommen läßt[6].

2. Die skandinavischen Länder sind wenig untersucht worden. Man setzt sie oft in der Beurteilung mit England gleich, also eine gute Steuermentalität voraus. Dies ist ziemlich sicher richtig, nachdem z. B. in Schweden auch für die niedrigsten Einkommen eine Steuererklärung verlangt wird, also eine Steuertechnik angewendet wird, die nur bei höherer Steuermentalität durchzusetzen ist[7].

3. Mit England beschäftigen sich viele Untersuchungen. Alle gehen von einer sehr positiven Beurteilung der Steuermentalität aus. Es liegt auch in England eine Staatsverbundenheit vor, wie sie vergleichbar nur in der Schweiz zu finden ist. Da die englische Steuertechnik in ihrem Einfluß auf die Steuermentalität auch positiv zu beurteilen ist, müßte eine hohe Steuermoral vorliegen. Beichelt kommt nach Analyse des empirischen Materials, insbesondere der Befragungen und der Geschichte zum Schluß, daß die Steuermoral doch relativ schlecht ist.

Nach meiner Ansicht bestätigt dieses Auseinanderklaffen von Staatseinstellung und Steuertechnik einerseits und Steuermentalität andererseits die Wirksamkeit des Gerloffschen Gesetzes der wachsenden Steuerwiderstände; hat doch England die höchsten Einkommensteuersätze der verglichenen Staaten.

4. Die Beneluxstaaten unterscheiden sich untereinander stark in der Steuermentalität, obgleich sie sich schon vor der EWG zu einer Steuerharmonisierung zusammengeschlossen haben und in vielem vergleichbare Nationalstaaten sind. Belgien hat die schlechteste Steuermentalität; sie wird meist mit der Frankreichs gleichgesetzt.

Über die Niederlande sind die Urteile bezüglich der Steuermentalität relativ positiv. Eine demoskopische Untersuchung nach dem Schema von Schmölders' Forschungsstelle wurde nur bei Selbständigen durchgeführt[8]. Die Gegenüberstellung mit der deutschen Untersuchung ergibt eine nur gering besser einzustufende Steuermentalität als in der Bundesrepublik[9].

---

[6] Vgl. S. 46.
[7] *Strümpel:* Steuersystem. Vgl. auch *Jostock:* Über den Umfang.
[8] Die Untersuchung ist 1966 durchgeführt worden. Dargestellt in: *Deppe:* Steuermoral.
[9] *Deppe:* Steuermoral, S. 88 f. und *Strümpel:* **Selbständige**.

Spezielle Untersuchungen oder Aussagen über Luxemburg gibt es nicht.

5. Die Bundesrepublik Deutschland hat in der Steuermentalität eine gute Mittelstellung im internationalen Vergleich. Obgleich die Abhandlungen meist von einer selbstkritischen Einstellung ausgehen — sieht man doch die Unzulänglichkeiten im eigenen Lande überdeutlich und vergrößert — ergeben sie besonders aufgrund der schlecht umzudeutenden Befragungsauswertungen, daß das Staatsbewußtsein und die Steuermentalität positiv zu beurteilen sind.

Dies ist bei der geschichtlichen Erfahrung des deutschen Volkes erstaunlich, zumal auch der Einfluß der Steuertechnik in Form einer scharfen Konfrontation und eines Steuerperfektionismus negativ wirkt auf die Steuermentalität.

6. Frankreich wird häufig als Beispiel für schlechte Steuermentalität verwendet. Die Geschichte ist ungemein reich an Beispielen eines dauernden Ringens zwischen Fiskus und Steuerpflichtigem. Selbst wenn man anführt, daß Frankreich wegen seines großen Anteils an Landwirtschaft und vieler kleiner Gewerbetreibenden lange Zeit nicht den sozioökonomischen Stand der hochindustrialisierten westeuropäischen Länder erreicht habe, so muß doch zugegeben werden, daß die Besteuerungspraxis immer weit hinter den Besteuerungszielen nachhinkte. Die ablehnende Haltung der französischen Zensiten verhinderte dauernd die korrekte Durchsetzung der Besteuerung. Obwohl z. Z. laut Gesetzestext und Kommentaren eine moderne, d. h. an der Leistungsfähigkeit orientierte Einkommensteuer besteht, wird sie fast ausschließlich als Sollertragssteuer gehandhabt, die sich an gewissen Kostengrößen und der Lebenshaltung orientiert. Die Unselbständigen, deren Einkommen durch Angaben des Arbeitgebers kontrolliert werden, dürfen 20 % ihres Einkommens abziehen als Ausgleich für die „Benachteiligung" gegenüber den Selbständigen.

7. Spanien soll als wichtiges europäisches Land mit betrachtet werden, obwohl es weder der EWG noch EFTA angehört und nicht als EWG-Anwärter zugelassen wird. Obgleich man annehmen sollte, daß aufgrund des relativ niedrigen sozioökonomischen Entwicklungsstandes und der „südländischen" Mentalität ein negatives Verhalten vorliegt, ergeben die demoskopischen Untersuchungen eine relativ gute Steuermentalität der Spanier. Sowohl der Staat als auch die Besteuerung wird weitgehend akzeptiert. Die Ergebnisse lassen eine nicht allzu schlechte Steuermoral und -disziplin vermuten. Jedoch werden außer bei den Großbetrieben auch keine ‚höheren' Besteuerungsformen verwirklicht, die größere Anforderungen an die Loyalität der Zensiten stellen.

8. Italien steht weit am negativen Ende der Skala. Die „politische Kultur", die Steuermentalität und -disziplin sind übereinstimmend sehr schlecht. Die Steuerverwaltung und die Steuertechnik sind unfähig, den bestehenden Zustand zu bessern, sondern bewirken eher das Gegenteil. Als bezeichnendes Beispiel dafür sei nur die „Steuerpacht" genannt. Ein großer Prozentsatz der direkten Steuern wird nicht von der Verwaltung eingezogen, sondern von Dritten wird das Recht zur Steuereinziehung gepachtet. Diese Regelung soll erst ganz langsam abgebaut werden, da sie sehr oft rentabler ist als die Verwaltung der Steuerbehörden[10].

---

[10] *Daviter* u. a.: Steuernorm, Bd. 1, S. 186 ff.

E. Die bestehenden Steuersysteme als Ausdruck unterschiedlicher Steuermentalität

I. Allgemeines

Die bisherigen Aussagen über die Steuermentalität, insbesondere über ihre internationalen Unterschiede, stützen sich in starkem Maße auf die empirisch-demoskopischen Untersuchungen. In der Darstellung der verschiedenen Forschungsansätze und deren Methoden sollte es auch deutlich geworden sein, daß mit diesem Vorgehen die Problematik erfaßt werden kann, also auch die signifikanten Unterschiede aufgezeigt werden konnten.

Ein weiterer, nicht umzudeutender Nachweis für die Steuermentalitätsunterschiede ist die verschiedene Ausgestaltung der Steuersysteme und Steuertechniken in den europäischen Staaten. Schon bei der Darlegung der Bestimmungsfaktoren der Steuermentalität wurde darauf hingewiesen, daß die Steuertechnik nicht nur die Steuermentalität beeinflußt, sondern selbst Ausdruck der Steuermentalität ist.

Daß die Verschiedenheit der Steuersysteme und der Steuertechnik in Europa nicht ein zufällig gewordenes geschichtliches Produkt darstellt, hat Neumark in seinem Artikel: „Internationale Gemeinsamkeiten und Eigenarten der Finanzpolitik" dargelegt. Eine Gleichheit der Finanzpolitik, also von Steuersystemen und Steuertechnik, wäre nämlich viel naheliegender[1]. Der Finanzpolitik stehen zu ihrer Durchsetzung nur eine begrenzte Auswahl von Mitteln und Methoden zur Verfügung. Diese Gebundenheit wird durch den im institutionellen Bereich vorherrschenden Traditionalismus verstärkt. Außerdem sind die von den Fiski wahrzunehmenden Aufgaben im Prinzip überall gleich. Einen wichtigen Grund stellt auch der „Nachahmungstrieb" dar. Gerade in Europa haben die verschiedenen Nationen auch in Zeiten des Chauvinismus einander auf den verschiedensten Gebieten ‚kopiert'; dazu kommt, daß die geistesgeschichtliche Entwicklung in Europa weitgehend einheitlich über alle Ländergrenzen verlief.

So gesehen müßten Steuersystem und Steuertechnik in den europäischen Ländern ziemlich gleich sein. Wenn trotzdem gewichtige Unterschiede bestehen, so müssen diese aus den Gegensätzen in der

---
[1] *Neumark:* Gemeinsamkeiten, S. 319.

Steuermentalität erklärt werden. Sie mit dem unterschiedlichen sozioökonomischen Entwicklungsstand der Länder zu erklären, ist nicht möglich: 1. Zumeist sind die Entwicklungsunterschiede sehr gering, 2. Sind die Entwicklungsniveaus stärker unterschieden, so wird eine geschichtliche Analyse zeigen, daß Länder auch nach Erreichen derselben Entwicklung nicht die gleiche Besteuerung verwirklichen können. 3. Zudem ist kaum eine Parallelität zwischen Höhe der Steuermentalität und Entwicklungsstand gegeben.

II. Die Steuerbelastung

Viele Studien, die sich mit dem Problem der Steuerharmonisierung befassen, gehen der Frage nach, welche Volkswirtschaft einen größeren Steuerdruck zu tragen hat. Inzwischen scheint abgeklärt, daß von einer Steuerquote allein keine Einflußrichtung auf die Wettbewerbsfähigkeit festgestellt werden kann, da die Inzidenz der Staatsausgaben und die Steuerstruktur diese überragend stark bestimmen[2]. Wie erwähnt kann von einer Steuerquote oder einer Steuerlast pro Kopf kein Aufschluß über die Steuermentalität erwartet werden.

Tabelle 1: Steuerbelastung 1969/70

Staaten	in % des Bruttosozialprodukts			je Kopf der Bevölkerung in DM
	Steuern (1)	Sozialversicherung (2)	(1)+(2)	(1)+(2)
Belgien	24,3	9,1	33,7	2505*
BRD	22,6	10,7	33,3	2944*
Frankreich	23,4	15,0	38,4	3543*
Italien	22,2	13,2	35,4	1853*
Luxemburg	23,9	10,9	34,8	2733*
NL	23,6	13,6	37,2	2944*
Dänemark	32,5	2,9	35,4	3128*
GB	32,6	5,3	37,9	2532*
Norwegen	28,0	9,4	37,4	3170*
Österreich	23,1	11,5	34,6	2192*
Schweden	31,9	8,0	39,9	5180*
Schweiz	17,9	5,2	23,1	2263*
Spanien	10,7**	(4,5)**	(15,2)**	(1604)**

Quelle: Bundesministerium für Wirtschaft und Finanzen: Finanzbericht 1972, S. 363; Informationsdienst zur Finanzpolitik des Auslandes Nr. 3, Bonn 1970, S. 19. Statistisches Bundesamt Wiesbaden: Länderkurzberichte Spanien 1970. OECD Organisation for Economic Co-operation and Development: Border Tax Adjustments in OECD Member Countries, in: Report on Tax Adjustments applied to Exports and Imports in OECD Member Countries, **Paris 1968**.

* Werte der letzten Spalte beruhen auf Zahlen von 1967/68.
** Die Angaben für Spanien sind von 1968.

Der Vollständigkeit halber seien trotzdem die Steuerquoten bzw. die Pro-Kopf-Belastungen aufgeführt.

Die Tabelle zeigt, welche enormen Unterschiede zwischen den einzelnen Staaten bestehen. Sogar in der EWG selbst sind die Unterschiede beachtlich: Italien hat eine Steuerbelastung pro Kopf von 1853 gegenüber Frankreich mit 3543. Schweden weist überall die höchsten Werte auf. Die Schweiz erreicht immer fast nur die halbe Belastung, obwohl beide Staaten in vielem sich ähnlich sind, so Einwohnerzahl, Wirtschaft, Lebensstandard, Infrastruktur, politisch-historisches Schicksal usw.

Solche Unterschiede müssen daher aus einem grundlegend anderen Staatsverständnis und Staatsorganisation heraus erklärt werden. Eine verschiedene „politische Kultur" liegt vor, die schnelle Änderungen und Anpassungen ausschließt. Sonst würde auch sicher das Gerloffsche Gesetz in Erscheinung treten und die Steuermentalität durch Aktivierung von „latenten" Steuerwiderständen ganz anders aussehen.

III. Anteil einzelner Steuerarten

1. Übersicht

Nachfolgende Tabelle enthält die Prozentanteile aller wichtigen Steuern europäischer Länder. Die enormen internationalen Abweichungen in der Ergiebigkeit einzelner Steuern, Ausdruck unterschiedlicher Anspannung der Steuerquellen, wird mit von verschiedenen Faktoren hervorgerufen, wie Volkseinkommensverteilung, Verbrauchsgewohnheiten, Wirtschaftsstruktur, abweichende politische Zielsetzungen. Daß die Steuermentalität der wichtigste Faktor ist, soll durch die darauffolgenden detaillierten Analysen gezeigt werden.

---

[2] Vgl. z. B. *Ingold Metze:* Steuerharmonisierung in einer Wirtschaftsgemeinschaft, Hamburg 1969.

56   E. Die Steuersysteme als Ausdruck unterschiedlicher Steuermentalität

Tabelle 2: Einnahmen der verschiedenen Steuern

	Belgien	BRD	Frankreich	Italien	Luxemburg	NL
	1969	1969	1969	1969	1969	1969
Σ der Steuer- und Zolleinnahmen in Mrd. DM	19,6	145,3	110,0	63,8	6,4	25,0
Einkommensteuer	43,0	32,1	16,6	18,7	36,4	44,9
Körperschaftsteuer	—	7,5	8,0	—	9,7	10,0
Vermögensteuer	—	2,7	—	0	2,6	1,2
Grund- u. Geb. Steuer	0,8	1,8	5,5	8,3	2,1	2,0
Erbschaftsteuer	1,6	0,3	0,8	2,2	0,6	1,0
Gewerbesteuer	0,5	10,6	6,7	1,5	7,6	0
Kapitalverkehrsteuer	3,3	1,6	3,6	7,4	4,4	1,6
Umsatzsteuer	32,0	23,5	43,5	21,2	19,6	19,9
KFZ-Steuer	2,4	2,4	1,3	2,3	2,1	2,3
Mineralölsteuer	7,3	7,3	6,8	13,6	6,2	6,3
Tabaksteuer	3,0	4,3	2,5	6,6	3,7	3,4
Branntweinsteuer	0,8	1,5	1,3	0,5	1,3	1,6
Weinsteuer	0,3	0,1	0,3		0,5	0,2
Biersteuer	0,6	0,8	0,1	0,3	1,2	0,5
Kaffee/Tee-Steuer	—	0,8	—	0,7	—	—
Spiel-Lotterie-Steuer	0,5	0,3	0,5	1,7	0	—
Sonstige	0,6	0,4	0,6	9,2	0,4	1,9
Zölle	3,3	2,0	1,9	5,8	1,6	3,2

Quelle: Vgl. Tab. 1. Außerdem: *Annemarie Mennel:* Die Steuersysteme in den EWG-

III. Anteil einzelner Steuerarten

in Prozent des Gesamtsteueraufkommens

Dänemark	GB	Norwegen	Österreich	Schweden	Schweiz	Spanien
68/69	68/69	1969	1968	1968	1968	1968
15,7	111,1	9,1	9,7	31,0	10,8	74,9
47,6	36,5	43,6	26,9	56,4	39,2	(15,5)
2,9	10,5	4,7	3,3	5,4	12,8	10,5
0,9	—	2,2	1,8	0,8	6,5	(0,3)%
5,2	12,4	0,7	1,8	0	1,1	1,6
0,5	2,9	0,3	0,4	0,5	1,6	
—	—	—	9,1	—	—	4,5
1,1	0,8	0,3	1,7	0,5	2,8	8,0
17,2	7,6	27,2	31,8	15,0	10,7	(22,7)
1,1	3,0	1,5	1,1	2,0	2,6	
3,9	8,8	3,5	7,4	4,5	8,2	
6,4	8,6	3,0	4,8	3,4	3,4	9,8
1,5		3,4		4,2	0,3	
0,6	6,2		2,7	0,5	—	—
2,8	—	1,2		0,6	0,1	—
—	—	0,9	—	—	—	—
0,2	—	0,4	—	—	—	—
6,3	0,9	4,8	0,3	4,0	0,5	14,5
1,8	1,8	2,3	6,9	2,2	10,2	12,6

Staaten, EFTA-Staaten und den USA, Berlin 1971.

2. Verhältnis direkter zu indirekter Steuern

a) In der Literatur wird die Unterscheidung direkte und indirekte Steuern angegriffen als unpräzise und ungeeignet für die meisten Zwecke. So gibt es auch durchaus unterschiedliche Kriterien für die Einordnung in diese Gruppen; die Scheidung sollte die verschiedensten Unterschiede zwischen direkten und indirekten Steuern zum Ausdruck bringen. Auf jeden Fall kann man sich der Meinung anschließen, daß die Unterscheidung von direkten und indirekten Steuern eine Scheidung nach der Erhebungsmethode ist. M. D. Hesse legt in einer Analyse von Steuergliederungsschemata überzeugend dar, daß dies das einzig sinnvolle Trennungskriterium darstellt. Direkte sind demnach Steuern, die „unmittelbar von den Personen erhoben (werden), die die Steuern tragen sollen; indirekte sind alle jene Steuern, die nicht auf diese Weise erhoben werden"[3].

Da die Erhebungsmethode einer Steuer Ausdruck und Folge des Kontaktes zwischen Fiskus und Steuerpflichtigem darstellt und sich darin die Steuermentalität äußert, soll gerade anhand dieser Steuergliederung genauer analysiert werden.

Die indirekte Steuer ist unmerklich wegen der Trennung von Steuerzahler und Destinatar. Die Abführung der Steuer erfolgt zumeist in dem von der ratio beherrschten Raum des Betriebes, so daß die gefühlsbedingten Steuerwiderstände etwas zurückgedrängt sind. Die indirekte Steuer ist meist in ganz kleinen Beträgen vom Destinatar zu ‚zahlen' und wird deshalb nicht bemerkt[4]. Die direkten Steuern wenden sich dagegen an die Person. Sie dringen in seinen Privatbereich ein, wenn sie leistungsgerecht ausgestaltet sein sollen. Bezeichnenderweise wurde in Frankreich der Begriff der „inquisition fiscale" geprägt für die Erhebungsmethode der Einkommensteuer.

b) Wegen dieser Gegensätze in der Wirkung auf den Steuerpflichtigen kann man sagen, daß „die Bevorzugung einer je nachdem mehr ‚direkten' oder mehr ‚indirekten' Besteuerung in Europa ein deutliches Symptom für die unterschiedliche Steuermentalität der Völker (ist)"[5].

Wie sieht nun die Verteilung auf direkte und indirekte Steuern in den interessierenden Ländern aus?

---

[3] *Maria-Dolores Hesse:* Methoden und Möglichkeiten, die Steuern unter solchen Gesichtspunkten neu zu gliedern, die sich bei der Harmonisierung der Steuersysteme der Mitgliedsstaaten der EWG ergeben, Kollektion Studien, Reihe Wettbewerb — Rechtsangleichung Nr. 13, Kommission der Europäischen Gemeinschaften, Brüssel 1970, S. 7.

[4] *Günter Schmölders:* „Unmerkliche" Steuern, in: Finanzarchiv, N.F., Bd. 20, Tübingen 1960.

[5] *Schmölders:* Finanz- und Steuerpsychologie, S. 113.

III. Anteil einzelner Steuerarten

Tabelle 3: Vergleich der Steuerstrukturen 1968/69

Staaten (1)	Vom Gesamtsteueraufkommen entfallen in % auf	
	„direkte" Steuern (2)	„indirekte" Steuern (3)
Schweiz	64,0	36,0
Schweden	63,6	36,4
Luxemburg	63,4	36,6
GB	63,1	36,9
Niederlande	60,7	39,3
Dänemark	58,2	41,8
BRD	56,6	43,3
Norwegen	51,8	48,2
Belgien	49,2	50,8
Österreich	45,0	55,0
Frankreich	41,2	58,8
Spanien	40,4	59,6
Italien	38,1	61,9

Quelle: Erstellung anhand Tabelle 2 der Arbeit.
Zu (2): Unter „direkte" Steuern werden subsumiert: Eink., Körperschaft., Verm., Grund., Gew., Erbschaft. und Kapitalverkehrsteuern. Letztere sind teilweise bzw. bei anderer Definition der Steuergliederung ganz den indirekten zuzuordnen. Die geringen Verschiebungen, die sich daraus ergäben, verstärken nur die Aussage der Tabelle.
Zu (3): Alle übrigen Steuern und Zölle.

In der Tabelle wurden die Staaten nach der Höhe ihres Anteils an direkten Steuern geordnet. Mit Ausnahme von Großbritannien gleicht die Reihenfolge der Aufstellung ziemlich der Einstufung nach Güte der Steuermentalität, die aufgrund der Untersuchungen getroffen wurde. Bei England zeigten die bisherigen Darlegungen, daß dieses hohe Aufkommen an direkten Steuern nur über eine äußerst behutsame Steuertechnik gegen trotz guter Staatsverbundenheit erhebliche Steuerwiderstände durchgesetzt werden kann. Auch ist gerade in England das mehr ‚indirekte' Einzugsverfahren bei der direkten Steuer stark ausgebaut[6].

Insgesamt bestätigt die Tabelle deutlich, daß die Bevorzugung der mehr indirekten Besteuerung ein Spiegelbild der geringeren Steuermentalität darstellt. Diese Parallelität der demoskopischen und dieser Ergebnisse ist verständlich, wenn man sich die gegensätzliche Wirkung der Besteuerung durch direkte und indirekte Steuern vor Augen hält. Extrem deutlich formuliert es Frisch in seinem Artikel „Das französische Steuersystem": „Die Bevorzugung der indirekten Steuern ist eine klare Folge der parlamentarischen Rücksicht auf Wählerinteressen[7]."

---

[6] Vgl. den folgenden Abschnitt über Steuertechnik, S. 62 ff.
[7] *A. Frisch:* Das französische Steuersystem, in: Die Gegenwart, Januar 1954, S. 59.

60 E. Die Steuersysteme als Ausdruck unterschiedlicher Steuermentalität

c) Die Tabelle 3 enthält die Verhältnisse der Jahre 1968/69. Daß die Werte nicht zufällig sind, sondern die Steuerstrukturen ziemlich konstant waren, zeigt die geschichtliche Entwicklung.

Tabelle 4: *Entwicklung der Steuerstrukturen in den EWG-Staaten*

Staaten	Jahr	Vom Gesamtsteueraufkommen entfallen in % auf	
		„direkte" Steuern	„indirekte" Steuern[a]
Belgien	1958	49,6	50,4
	61	48,3	51,7
	64	45,6	54,4
	69	50,7	49,3
BRD	1958	53,2	46,8
	61	56,5	43,5
	65	55,3	44,7
	70	54,3	45,7
Frankreich	1958	41,8	58,2
	61	43,1	56,9
	65	42,6	57,4
	70	42,5	57,5
Italien	1958	33,7	66,3
	61	36,9	63,1
	65	38,5	61,5
	70	38,3	61,7
Luxemburg	1958	65,5	34,5
	61	68,5	31,5
	64	62,9	37,1
	70	69,3	30,7
NL	1958	59,7	40,3
	61	60,5	39,5
	64	60,2	39,8
	70	57,5	42,5

Quelle: Institut Finanzen und Steuern: Besteuerung und Wirkung im Gemeinsamen Markt, Heft 69, Bonn 1963, S. 20 und Bundesministerium der Finanzen: Finanzberichte 1964, 1968 und 1972.
a) Zur Abgrenzung „direkt" „indirekt" vgl. Tabelle 3.

Man sieht deutlich, daß trotz begonnenen Harmonisierungsbemühungen und der Annäherung des sozioökonomischen Entwicklungsstandes, die Steuerstrukturen stark unterschiedlich liegen. Wenn auch wie z. B. bei Italien früher noch extremere Werte vorlagen, so ist es jedenfalls verfehlt, von einer Konvergenz der Steuersysteme zu sprechen. In der Literatur weist man verschiedentlich nämlich auf eine Annäherung der

Steuersystemstrukturen hin, die man erhalten kann, wenn eine geeignete Steuergliederung verwendet wird.

Bei einer Gliederung in ‚direkte' und ‚indirekte' zeigt die Tabelle, daß eine Annäherung der Systeme nicht stattgefunden hat. Wenn man sich der vorgenannten Meinung über den Zusammenhang von Steuermentalität und Steuerstruktur anschließt, dann darf angenommen werden, daß die Steuermentalitäten der verschiedenen europäischen Völker sich wenigstens nicht wesentlich angeglichen haben.

3. Die Staatsmonopole

Der Übersicht über die Staatseinnahmen (Tabelle 2) ist nicht ohne weiteres der Anteil zu entnehmen, der über Finanzmonopole erbracht wird. Sie sollen nochmals extra dargestellt werden, da im Hinblick auf die Steuermentalität die Bedeutung der Finanzmonopole ein weiteres Indiz ist.

Die Finanzmonopole stellen in der Behandlung des Steuerpflichtigen Extreme dar. 1. Bei ihnen ist die Unmerklichkeit der ‚indirekten' Besteuerung vollkommen. Nicht einmal die Zwischenhändler können den Steueranteil der Monopolgüter eruieren. Die Endverbraucher nehmen den Steueranteil gar nicht wahr. 2. Die Hinterziehungsmöglichkeiten (bzw. meist auch Steuervermeidungsmöglichkeiten) sind beschränkter als bei jeder anderen Besteuerungsmethode. Daß auch bei Umsatzsteuern die Hinterziehung beachtlich sein kann, zeigte die Untersuchung von M. Rey über Italien.

Auch wenn man berücksichtigt, daß die Finanzverwaltungen in den einzelnen Staaten einen unterschiedlichen Hang zeigen, unternehmerisch tätig zu werden[8] — insbesondere wird dies bestimmt sein vom Vorherrschen liberalistischen Gedankengutes („Nachtwächterstaat") und vom sozioökonomischen Entwicklungsstand —, und somit verschieden starker Antrieb zur Schaffung von Monopolbetrieben bestanden haben mag, zeigt nachfolgende Tabelle deutlich die Tendenz.

Italien steht in der Zahl der Monopole wie deren Ergiebigkeit ganz vorne, gefolgt von Frankreich.

---

[8] Grossmann spricht vom großen Unternehmungsgeist der deutschen Verwaltung. Vgl. *Eugen Grossmann:* Volkscharakter und Finanzgebarung, in: Jahresbericht der Universität Zürich, Zürich 1944.

Tabelle 5: Bedeutung der Finanzmonopole

	Belgien	BRD	Frankreich	Italien	Luxemburg	NL
Tabak	a)	a)	MONOPOL	MONOPOL	a)	a)
Branntwein	a)	MONOPOL	MONOPOL	a)	a)	a)
Salz	—	a)	—	MONOPOL	—	—
Zündhölzer	—	a)	MONOPOL	MONOPOL	—	—
Feuerzeuge	—	—	—	MONOPOL	—	—
Zigarren	—	a)	—	MONOPOL	—	—
Einnahmen in % der gesamten Steuern (1969)	—	1,5	3,8	>7	—	—

Quelle: *Arno Schulze-Bachmann:* Ausgewählte Steuerfragen aus dem EWG-Bereich, in: Steuerberater-Jahrbuch 1965/66, Köln 1966, S. 428 f.; *A. Mennel:* Steuersysteme.

a) Hier liegen Verbrauchssteuern vor.

IV. Die Steuertechnik

Es wurde bereits die Wechselbeziehung zwischen Steuertechnik, verstanden als alle Maßnahmen der Besteuerungsverwirklichung, und Steuermentalität beschrieben. Die Steuertechnik beeinflußt hauptsächlich durch die Art ihrer Konfrontation die Steuermentalität. Die Steuertechnik wiederum wird ständig geprägt durch die allgemein herrschende Mentalität: Der Fiskus muß seine Maßnahmen an dem Verhalten der Pflichtigen orientieren und finanzpolitisch laufend überprüfen, um sie verwirklichen zu können; außerdem werden die für die Besteuerung Verantwortlichen selbst von der allgemeinen Einstellung beeinflußt. Daher kann man die Steuertechnik als Spiegelbild der Steuermentalität betrachten.

Die Unterschiede in der Steuertechnik sind ausführlich von Schmölders' Forschungsstelle beschrieben worden[9]. Im folgenden soll nun an einigen Punkten gezeigt werden, daß die Verschiedenheit der Steuertechnik geeignet ist, die Steuermentalitätsunterschiede aufzuzeigen.

---

[9] Vgl. S. 28 f.

IV. Die Steuertechnik

1. ‚Indirektes' Vorgehen

a) In Frankreich, Italien und Spanien sind Einkommen- und Ertragssteuergesetze eingeführt worden, die sich nach dem Gesetzeswortlaut nicht im wesentlichen von der mittel- und nordeuropäischen Vorbildern unterscheiden.

Diese Einführung entsprechender Gesetze kann man erklären sowohl mit einem staatlichen Perfektionismus, steuerrechtliche Gerechtigkeitsvorstellungen zu verwirklichen, als auch mit dem genannten ‚Nachahmungstrieb', um weitere Steuerquellen ausschöpfen zu können. In allen diesen Ländern wurden diese Steuern jedoch bald zu Sollertragssteuern denaturiert, die sich an äußeren Merkmalen orientieren und somit Ähnlichkeit zur indirekten Besteuerung haben.

In Spanien und Frankreich weicht die Veranlagungstechnik auf die Schätzung mittels Richtsatzwerten und äußeren Merkmalen aus. Zahl der Arbeitnehmer, Maschinenpark, Verkaufsfläche u. ä. werden als Grundlagen für die Einkommensschätzungen verwendet. Daneben spielen besonders in Frankreich zur Festsetzung der Steuer bestimmte luxeriöse Privataufwendungen (Jachten, Landhaus usw.) eine Rolle.

Während in Spanien und vor allem Frankreich die Verfeinerung der Pauschalierungen und der Merkmalschätzungen, die „dem steuertechnischen Gerechtigkeitsbild einer Orientierung am effektiv erzielten Gewinn oft erstaunlich nahe kommen"[10], eine gewisse legale Bestimmtheit der Besteuerung brachten, überbrückt in Italien ein ausgeweiteter Ermessensspielraum der Beamten das Fehlen einer verläßlichen Einkommensdeklaration[11]. Die endgültige Steuerhöhe wird durch ein Aushandeln, ein „concordato" zwischen den Parteien festgestellt, das jedoch durch eine im internationalen Schnitt äußerst hohe Prozeßzahl angefochten wird[12].

b) Während die romanischen Staaten die Anwendung bzw. Durchführung der Steuergesetze sehr vorsichtig und ähnlich der indirekten Besteuerung handhaben bei den Steuern, die an die Kooperationsbereitschaft der Zensiten appellieren, wenden sie erstaunlicherweise beim Steuer*einzug* nicht die Methoden der indirekten Besteuerung an. Solche unmerkliche, indirekte Einzugsmethoden verwirklichen demgegenüber Deutschland und besonders England im sogenannten Quellenabzugsverfahren. Durch Trennung von Steuerzahler und Steuerschuldner wird wie bei den indirekten Steuern nicht ‚direkt' die Person angegangen, die die Steuer tragen soll. Beim Quellenabzugsverfahren wird ja bei

---
[10] *Daviter* u. a.: Steuernorm, Bd. 1, S. 152.
[11] *Strümpel*, Steuersystem, S. 30.
[12] *Daviter* u. a.: Steuernorm, Bd. 1, S. 253.

Gehältern, Kapitalerträgen usw. die Steuer gleich von der privaten Zahlstelle an das Finanzamt abgeführt. Die Steuer ist damit aus der konkreten Erlebniswelt des Pflichtigen herausgenommen und kommt wie bei der indirekten Steuer kaum mehr zu Bewußtsein und ist in der Höhe nur vage bekannt.

Nachdem dieses ‚indirekte' Besteuerungsverfahren nicht in den Ländern mit der schlechtesten Steuermentalität, also Italien, Frankreich und Spanien verbreitet ist, scheint das gegen einen Zusammenhang der Steuertechnik in diesem Punkt und der Steuermentalität zu sprechen.

Vielleicht kann der Widerspruch mit der Canardschen Steuerregel erklärt werden, nach der alte Steuern gute Steuern, neue Steuern schlechte sind. Diese kommt wegen der Wichtigkeit der Änderung nämlich sicher zur Wirkung: Die Einführung des Quellenabzugsverfahrens bedeutet eine Beseitigung der bisherigen Hinterziehungsmöglichkeiten, außerdem ruft die Konstruktion ein Gefühl der Reglementierung hervor, und zudem entstehen zumeist höhere privatwirtschaftliche Kosten für die Steuerabrechnung. Man geht offensichtlich in den romanischen Ländern davon aus, daß die Steuermentalität so schlecht ist, daß eine Umstellung auf das Quellenabzugsverfahren z. Z. nicht gewagt werden kann. Die Richtigkeit dieser Annahme erwies sich, als in Italien das Quellenabzugsverfahren beim Kapitalertrag nach Einführung wieder abgeschafft werden mußte, nachdem die Börse zusammenbrach und eine ungemein starke Kapitalflucht einsetzte.

2. Mitarbeit des Zensiten

a) Eine ziemlich klare internationale Differenzierung der Steuermentalität kann man daraus ablesen, inwieweit der Fiskus die Mitarbeit des Zensiten fordert. Gleichzeitig ist dies ein Ausdruck, wie der Fiskus die Steuermentalität im eigenen Lande einschätzt.

Zunächst betrachten wir, welche Bedeutung die Finanzverwaltung der Steuerklärung beimißt. In Italien wurde die Steuererklärung mit der Steuerreform von Vanoni 1951 eingeführt, jedoch „besitzen Pauschlierungsmethoden und solche Verfahren, bei denen die endgültige Steuerschuld ohne viel Bezug auf die Steuererklärung ausgehandelt wird, das Übergewicht"[13]. In Spanien und Frankreich wird trotz formeller Wichtigkeit der Steuerklärung die Steuerhöhe meist mit sollertragssteuerähnlichen Pauschalierungen geschätzt. In England sind die Formvorschriften für die Steuerklärung äußerst großzügig, jedoch werden vom Pflichtigen freiwillig erforderliche Unterlagen eingereicht,

---

[13] *Daviter* u. a.: Steuernorm, Bd. 1, S. 150.

um die ungünstigeren Schätzungen auszuschließen. Äußerst genau durch perfektionierte Vorschriften in der Gestaltung ist der deutsche Steuerpflichtige in seiner Steuererklärung festgelegt. Sie ist normalerweise die ausschließliche Grundlage für die Besteuerung.

b) Aus einem weiteren Detailpunkt kann man die Einschätzung der Fiski ablesen: Die Heranziehung der Buchhaltung zur Steuerfestsetzung. „In den Niederlanden und Deutschland wird mit der Steuerehrlichkeit des Pflichtigen gerechnet, und seine Buchführung wird daher auch als Ausgangspunkt für die Steuerermittlung verwendet[14]." Bei der Verwendung hat der Fiskus der wirtschaftlichen Betrachtungsweise den Vorrang vor der juristischen zu geben. In England bestehen wohl keine Buchführungsvorschriften, jedoch werden entsprechende Unterlagen immer eingereicht und als richtig akzeptiert nach einer Prüfung durch die privaten accountants.

In Italien bestehen umfassende gesetzliche Vorschriften nur für größere, bilanzpflichtige Unternehmen. Von Freiberuflern und Gewerbetreibenden werden keine Unterlagen verlangt und erwartet.

In Frankreich findet auch nur in Großbetrieben die Buchführung Berücksichtigung. Ansonsten werden nur Zahlen verlangt wie Wert aller Verkäufe, Einkäufe, gezahlte Löhne. Eine 1961 eingeführte Regelung, nach der die Buchhaltung als Gegenbeweis gegen höhere Pauschalierungsergebnisse vom Finanzamt akzeptiert werden mußte, wurde inzwischen abgeschafft. Der Beamte kann entscheiden, ob er die Buchhaltungswerte berücksichtigt oder nicht. In Spanien ist das Mißtrauen gegenüber Buchführungsunterlagen noch stärker. Ihnen wird keinerlei Bedeutung zugemessen, wenn die Schätzungsausschüsse auf andere Werte kommen.

c) Aus der Veranlagungspraxis der Landwirtschaft ist deutlich ein Nord-Süd-Gefälle der Steuermentalität zu ersehen. Allein in England wird auch von Landwirten eine Selbstdeklaration verlangt. In Deutschland werden die nicht buchführenden Landwirte nach einem System von Durchschnittssätzen besteuert, das die Ertragsfähigkeit widerspiegelt natürlich etwas niedriger. In Frankreich liegen grobe Pauschsätze zugrunde, die in ihrer Höhe an den Grenzbetrieben ausgerichtet sind. Italien arbeitet mit veralteten Sätzen und erfaßt nur ca. 5 % des wirklichen Einkommens als steuerbares[15].

d) Die Stellung und Bewertung der steuerberatenden Berufe von Seiten der Finanzverwaltung zeigt auch eklatante Unterschiede zwischen den Staaten. Die accountants in England genießen das höchste Ver-

---
[14] *Tiberghien:* Übersicht, S. 164.
[15] *Daviter* u. a.: Steuernorm, Bd. 1, S. 153.

66 E. Die Steuersysteme als Ausdruck unterschiedlicher Steuermentalität

trauensverhältnis der Behörden. Trotz Ausübung von Aufgaben der Finanzverwaltung (Abrechnungsprüfung) gelten sie als Interessenvertreter der Steuerpflichtigen und vermeiden durch diese einzigartige Zwischenstellung viele Konfliktsmöglichkeiten.

Die anerkannte Funktion der deutschen Steuerberater ist allgemein bekannt. Die strenge Berufsaufsicht und öffentlich-rechtliche Organisation des Verbandes wird den Einfluß und die Bedeutung weiterhin festigen.

In Frankreich hingegen werden die Steuerberater von der Verwaltung einfach ignoriert.

Die Steuerberater in Italien genießen sehr geringe Achtung. Sie werden als Helfershelfer für Steuerbetrügereien betrachtet.

e) Durch die ungemeine Vielgestaltigkeit der Steuertechniken mit ihren unendlichen Nuancen und zahllosen Möglichkeiten ist ein Vergleich sehr schwer, der exakte Schlüsse auf ein so komplexes Phänomen wie die Steuermentalität zuließe. Die wenigen herausgegriffenen Punkte die noch durch weitere ergänzt werden könnten, machen doch die Unterschiede deutlich, die als Nachweis oder zumindest Indiz für die verschiedenen Steuermentalitäten dienen können.

F. Folgerungen für die Steuerharmonisierung

I. Die Steuerharmonisierung der Europäischen Gemeinschaft

1. Im Anschluß an die Darlegungen, die die Signifikanz der Unterschiede in der Steuermentalität der europäischen Staaten deutlich machen und diese charakterisieren sollten, werden nun die daraus folgenden Konsequenzen für die in der Europäischen Gemeinschaft angestrebte Steuerharmonisierung aufgezeigt. Eine Annäherung bzw. Angleichung des Steuer- und Finanzwesens der Nationalstaaten muß in Mittel und Wegen und Grenzen immer unter Berücksichtigung der Mentalitätsunterschiede erfolgen.

Wie in der Einleitung bemerkt, berücksichtigt das breite Schrifttum, das sich mit der Problematik einer Steuerharmonisierung befaßt, die Steuermentalitätsunterschiede so gut wie nicht. Erklärt kann dies außer mit der methodologischen Einseitigkeit damit werden, daß die Probleme der Außenhandelswirkungen, Steuerinzidenzen und Folgen für die Sozialproduktentwicklung allein schon äußerst kompliziert sind, und noch jetzt unterschiedliche Meinungen und Vorschläge in der Wissenschaft über Wege und Wirkungen der Steuerharmonisierung bestehen.

Die anschließende Skizzierung der bisherigen Steuerharmonisierung der EG, bzw. der Meinungen und Konzeptionen dazu, beschreibt nur die verwirklichten Maßnahmen bzw. die vorherrschende Meinung der Wissenschaft. Die kontroversen Stellungen sollen nicht in diesem Rahmen diskutiert werden.

2. Gemäß Artikel 2 des Vertrages zur Gründung der Europäischen Wirtschaftsgemeinschaft[1] ist es Ziel und Aufgabe der Gemeinschaft „eine harmonische Entwicklung des Wirtschaftslebens innerhalb der Gemeinschaft, eine beständige und ausgewogene Wirtschaftsausweitung, eine größere Stabilität, eine beschleunigte Hebung der Lebenshaltung und engere Beziehungen zwischen den Staaten zu fördern". Man ist sich einig, daß diese ökonomischen und politischen Ziele durch Abschaffen der Grenzen und Zusammenlegen der einzelnen Märkte erreicht werden muß. In diesem „Gemeinsamen Markt" sollen binnenmarktähnliche Verhältnisse für Güter, Dienste und Kapital der ver-

---

[1] Vertrag zur Gründung der Europäischen Wirtschaftsgemeinschaft (Rom-Verträge).

schiedenen Staaten geschaffen werden, um durch diese Marktausdehnung eine größere Effizienz und eine weltweite Konkurrenzfähigkeit zu gewinnen.

3. Man sah von vorneherein, daß die Abschaffung der Zölle für einen ungehinderten Warenaustausch nicht genügt. Aufgrund der Verflochtenheit von Staat und Wirtschaft und der großen Bedeutung des staatlichen Sektors — Ausdruck findend in einer hohen Steuerquote — wird der Außenhandel auf mannigfache Weise behindert und der Wettbewerb verzerrt. Nach der vorherrschenden Auffassung soll die Allokation der Ressourcen nach wirtschaftlich-technischen Gesichtspunkten erfolgen, um einen optimalen Output zu erhalten, ohne Beeinträchtigung oder Ablenkung durch die Steuer.

Die fehlende Neutralität der Besteuerung tritt bei Öffnung der Grenzen deutlich in Erscheinung. Für die Übergangszeit bis zu einer vollen Wirtschafts- und Währungsunion schlug man sehr viele Mittel und Möglichkeiten vor. Fast geschlossen einig war man sich, daß die Steuersysteme angeglichen oder vereinheitlicht werden müssen.

Bei der Diskussion über die einzuschlagenden Wege hierzu unterschied man meist scharf zwischen indirekten und direkten Steuern. Schon im EWG-Vertrag von Rom hatte man expressis verbis nur eine Vereinheitlichung (Angleichung) der indirekten Steuern gefordert. Wahrscheinlich rührt dies von der weitverbreiteten und damals vorherrschenden Meinung her, nach der die indirekten Steuern überwälzt werden, die direkten dagegen nicht. Im Warenverkehr tritt auch die indirekte Steuer deutlich hervor, da sie zudem öfters getrennt ausgewiesen wird. Vielleicht ist bei dieser einseitigen Forderung auch noch von den Vertragsschöpfern Rücksicht auf die beschränkten politischen Möglichkeiten genommen worden: Man wollte bei den ‚einfachen' und im Außenhandel auffallenden Steuern anfangen, die nicht so stark den finanzpolitischen Gestaltungsspielraum der Nationalstaaten tangieren wie die direkten Steuern.

4. So ist auch allgemein der beschrittene Weg zur Steuerharmonisierung durch politischen Kompromiß gekennzeichnet. Man entschied, bei der allgemeinen Umsatzsteuer das sogenannte Bestimmungslandprinzip zu verwirklichen. Statt der Zollgrenzen wurden also Steuergrenzen aufgebaut, an denen die Umsatzsteuern durch Be- und Entlastungen auf das Niveau des jeweiligen Bestimmungslandes gebracht werden.

Hätte man dagegen das Ursprungslandprinzip (d. h. die Güter sind nur mit Steuern des Herstellerlandes belastet) verwirklicht, so wären die Staaten gezwungen gewesen, ihre Steuersätze nach unten anzupassen, wenn sie wettbewerbsfähig bleiben wollten, soweit kein Ausgleich

I. Die Steuerharmonisierung der Europäischen Gemeinschaft

der Niveaus über die Wechselkursverschiebung erfolgt. Dadurch wären natürlich die Staaten mit hohen indirekten Steuersätzen fiskalisch stark in Bedrängnis geraten und daher entschloß man sich für das Bestimmungslandprinzip, obgleich dies den langsameren Weg der Harmonisierung darstellt.

Die Einführung des Bestimmungslandprinzips brachte andererseits einige gewichtige Nachteile. Die aufgebauten Steuergrenzen stellen zweifelsohne Handelshemmnisse dar. Da man davon ausgehen muß, daß in die Warenpreise auch die direkten Steuern eingehen (durch Kalkulation und Marktgesetz)[2], werden die Staaten mit großem Anteil an indirekten Steuern außenhandelspolitisch bevorzugt. Die Exporteure im Lande hoher indirekter Besteuerung bekommen nämlich entsprechend den hohen Verbrauchssteuersätzen hohe Exporteurrückvergütungen, haben jedoch nicht direkte Steuern in der Höhe des Auslandes zu tragen. Bei den übrigen Steuern wird ja das Ursprungslandprinzip angewendet[3], da ein Ausgleich beim Grenzübertritt unmöglich ist, nachdem die Belastungshöhe nicht annähernd genau zu eruieren ist. Schon bei der allgemeinen Verbrauchssteuer stellte die Ermittlung der Belastungshöhe ein Problem dar und mit deshalb entschloß man sich, einheitlich in Europa das Nettoumsatzsteuersystem (Mehrwertsteuer) einzuführen.

5. Nach der Vereinheitlichung der Umsatzsteuersysteme sollen die Sätze der Steuer angeglichen werden. Nach den z. Z. vorherrschenden Vorstellungen würde ein Mittelsatz von ca. 15 % anzustreben sein, so daß Frankreich und Belgien ihre Sätze senken müßten.

Bei den direkten Steuern strebt man nach der derzeitigen Planung nur eine Harmonisierung der Körperschaftsteuer an und ringt um eine Lösung, mittels eines einheitlichen Quellenabzugsverfahrens die Kapitalbewegungen von steuerlichen Hemmnissen freizumachen[4]. Bei der persönlichen Einkommensteuer glaubt man vorerst noch ohne Annäherung auszukommen, da die Meinung besteht, sie werde nicht so wie die Kapitalertragssteuer und die Körperschaftsteuer bei den zwischenstaatlichen Transaktionen in Rechnung gestellt.

---

[2] Es kann hier nicht die Überwälzungsproblematik diskutiert werden. Entgegen den modelltheoretischen Konstruktionen muß bei Beachtung der Wirklichkeit eine Kalkulation auch der gewinnabhängigen Steuern angenommen werden. Bei ‚Kostensteuern', wie der Gewerbesteuer, Grundsteuer u. a. wird dies allgemein auch anerkannt.

[3] Von einer ‚Anwendung des Ursprungslandprinzips auf die direkten Steuern' zu sprechen, ist nicht ganz richtig. Vgl. *Fritz Neumark:* Möglichkeiten und Grenzen einer Steuerangleichung im Gemeinsamen Markt, in: Steuer-Kongress-Report 1963, München—Berlin 1963, S. 42.

[4] *Heinz Haller:* Die Steuerharmonisierung im Rahmen der europäischen Integrationsbemühungen, in: Zeitschrift für Zölle und Verbrauchssteuern Nr. 7, Bonn 1970.

F. Folgerungen für die Steuerharmonisierung

Man sieht allgemein jedoch, daß die Steuerstruktur eines Landes ein geschlossenes Ganzes darstellt, und die Änderung einer Steuer Veränderungen anderer Steuern erzwingt.

II. Beschränkungen durch die Steuermentalitätsunterschiede

1. Einengung des Handlungsspielraumes der Steuerpolitik

a) Die Möglichkeiten der Steuergesetzgebung und der Gestaltung der Steuerverwirklichung allgemein werden durch die vertraglichen Bindungen und das Streben, alle Änderungen im Hinblick auf eine Annäherung der Staaten zu gestalten, in starkem Maße eingeengt. Diese Beschränkungen der Gestaltungsmöglichkeiten der Steuerpolitik haben vor allem ihren Grund in den internationalen Steuermentalitätsunterschieden. Bei einem Einzelstaat kann man von folgendem ausgehen: „Ein hoher Grad an Einheitlichkeit in der Steuermentalität der Bevölkerung eines Landes bedeutet für die nationale Steuerpolitik eine günstige psychologische Ausgangsposition; sie kann sich innerhalb der fiskalischen, politischen und ökonomischen Erfordernisse dieser einheitlichen Steuermentalität soweit anpassen, daß ein offener Ausbruch des dem Wesen der Besteuerung immanenten Konflikts zwischen Fiskus und Steuerzahler vermieden wird[5]." Bei den europäischen Staaten zusammen ist dies leider nicht gegeben. Es ist daher äußerst schwierig, Richtlinien für eine europäische Steuerpolitik zu geben. Ein internationaler Kompromiß kann nicht auf die in den Ländern unterschiedlichen psychologischen Grenzen der Besteuerung eingehen. Gezwungenermaßen muß er meist auf viele Gestaltungsmöglichkeiten verzichten.

b) Bei jeder steuerpolitischen Entscheidung sollten die Einzelstaaten berücksichtigen, ob die Maßnahmen bzw. Gesetze eine Annäherung an die anderen Länder bringen und inwieweit sie auch in den Partnerländern verwirklicht werden können.

Es soll damit nicht gesagt sein, daß die Steuergesetze und -technik sich nach dem Land mit schlechtester Steuermoral ausrichten müssen. Zur Zeit geben die Steuergrenzen genügend Möglichkeiten für Differenzierungen, ohne daß der Wettbewerb beeinflußt wird. Auch in einem zukünftigen Staatenbund oder Bundesstaat könnten noch gewisse Steuerunterschiede bestehen bleiben ohne nennenswerte Wettbewerbsverzerrungen, wie die Beispiele USA, Benelux und Schweiz zeigen. Auch ist in Zukunft durch Angleichung der Entwicklungsstatus und der Beeinflus-

---

[5] *Schmölders:* Psychologische Probleme, S. 195.

II. Beschränkungen durch die Steuermentalitätsunterschiede

sung der Staatsgesinnung und Steuermentalität der kritischen Länder eine Erhöhung der Steuermoral zu erhoffen. Jedoch muß bei vielen grundsätzlichen steuerpolitischen Punkten eine Orientierung ‚nach unten' stattfinden, da dies einfacher ist.

So wird sicher die perfektionierte Steuertechnik und aufwendige Verwaltung Deutschlands nicht für die Gestaltungsrichtlinien in Europa Pate stehen können. Die weitgehenden Buchführungsvorschriften lassen sich nirgendwo sonst durchsetzen. Außer dem Vorwurf der ‚inquisition fiscale' würde sich gegen Versuche, Vorschriften dieser Art einzuführen, auch das Argument der dabei entstehenden hohen volkswirtschaftlichen Kosten erheben lassen. Dieses Argument ist berechtigt, wie ein Kostenvergleich zwischen England und Deutschland zeigt. Der versteckte öffentliche Bedarf, also die privaten Steuerbearbeitungskosten werden auf 30 % in Deutschland, in England auf ca. 10 % geschätzt, die Finanzverwaltungskosten in England auf 1,3 % und in Deutschland auf mindestens 6 % des Steuerertrages beziffert[6].

c) Bei den Überlegungen zur Vereinheitlichung der Einkommensteuer, als der die Steuermentalität am stärksten konfrontierenden Steuer, bietet sich die englische Steuergestaltung als Kompromiß an, der in allen Ländern Europas verwirklicht werden könnte. Die dauernde Konfrontation der deutschen Selbständigen mit dem Fiskus kann niemand zugemutet werden. Das behutsame und indirekte (Quellenabzug) Vorgehen in England würde langfristig auch in Ländern mit schlechtester Steuermentalität positiv wirken. Die unauffällige Methode, mit Drohung ungünstiger Schätzung Buchführungsunterlagen zu erzwingen, wird eventuell auch in den romanischen Ländern nach einiger Zeit bei der zunehmenden Rechenhaftigkeit eines entwickelteren Wirtschaftslebens zu erreichen sein.

Entgegen dem englischen Steuerdschungel und dem deutschen Steuerperfektionismus muß jedoch auf ein allseitig gefordertes einfaches Steuergesetz hingearbeitet werden, selbst wenn dies auf Kosten der Steuergerechtigkeit im Sinne einer exakten Belastungsnuancierung nach der Leistungsfähigkeit gehen sollte.

Die Plausibilität und demoskopischen Untersuchungen ergeben, daß komplizierte Steuergesetze wegen ihrer Unverständlichkeit und der Notwendigkeit der geistigen Auseinandersetzung Reibungen und Steuerwiderstände hervorrufen, die die Steuermentalität belasten. Zudem überfordern komplizierte Gesetze die schlechter funktionierenden Steuerverwaltungen mancher Länder z. B. Italiens in noch stärkerem Maße.

---

[6] *Beichelt:* Engländer, S. 72 ff. „How not to collect taxes", in: The Economist, London vom 11. 12. 1971.

F. Folgerungen für die Steuerharmonisierung

2. Notwendigkeit zunehmender Anwendung indirekter Steuern

a) Als derzeit vordringlichste Aufgabe wird nach vollzogener Harmonisierung der Umsatzsteuersysteme die Annäherung der Steuersätze der Verbrauchssteuern angestrebt.

Hierfür ergibt sich nun eine entscheidende Konsequenz aus den Steuermentalitätsunterschieden. Es werden nicht niedrige Sätze, die verschiedentlich bis in die neueste Zeit fälschlicherweise aus sozialen bzw. verteilungspolitischen Gründen gefordert werden, und auch keine Mittelsätze, also Mittelwerte der international differenzierten Steuersätze zu verwirklichen sein, sondern man wird Sätze nahe den Höchstgrenzen einführen müssen.

Die Tabelle 3 auf Seite 59 zeigt, welche große Bedeutung für den Etat die indirekten Steuern z. B. in Frankreich und Italien haben. Es ist anzunehmen, „daß der bei der Angleichung bzw. Herabsetzung der Verbrauchsteuern in Italien und Frankreich eintretende Steuerausfall in diesen beiden Ländern jedenfalls nicht durch eine stärkere Anspannung der persönlichen Einkommen- und Vermögensteuer ausgeglichen werden kann"[7]. Dies wird deutlich an den Steuerwiderständen, die sich schon jetzt in den romanischen Staaten entwickeln trotz behutsamer, indirekter Technik und niedrigen verwirklichten Sätzen.

Eine Erhöhung der Einkommensteuer hätte zudem bei den Unternehmen — auf jeden Fall vorübergehend — einen dämpfenden Effekt auf die Investitionsbereitschaft[8]. Diese Investitionszurückhaltung und die nach herrschender wissenschaftlicher Meinung stärker allokationsverzerrenden Wirkungen der direkten gegenüber der indirekten Besteuerung bewirken einen Ausfall an Wirtschaftswachstum[9], dem derzeitigen Hauptziel der Wirtschaftspolitik. Von hierher ergeben sich weitere Hemmnisse für eine Verlagerung der indirekten zugunsten der direkten Besteuerung.

b) Diese Nachteile einer Erhöhung der direkten Steuer, die über die Steuermentalität hinausgehend auch im politischen Bereich liegen, könnte nach Meinung mancher aufgewogen werden durch die sozialpolitischen und verteilungspolitischen Wirkungen, die von einer Ausweitung der direkten Steuer angenommen werden.

---

[7] *Schmölders:* Psychologische Probleme, S. 213.

[8] Diese Dämpfung kann noch verstärkt werden durch die sogenannten Trotzeffekte (spite effects), die bei schlechter Steuermentalität meist verstärkt auftreten werden.

[9] Die Wirkungen einer Einkommensteuererhöhung zeigen anhand eines ökonometrischen Modells der BRD *Martin Beckmann* u. *Götz Uebe:* Makroökonomische Untersuchungen der Auswirkungen von Steuersystemänderungen, Wiesbaden 1969.

II. Beschränkungen durch die Steuermentalitätsunterschiede 73

Zunächst ist zu einem solchen Ansinnen zu sagen, daß dadurch die Harmonisierungsproblematik noch in eine weitere Ebene getragen wird, da durch die genannten beträchtlichen Unterschiede in der Staatsauffassung, einem Bestimmungsfaktor der Steuermentalität, eine von Land zu Land verschiedene Bewertung solcher sozialpolitischer Fragen vorliegt.

Zu der sozialpolitischen Verurteilung der indirekten Steuern selbst ist zu sagen, daß diese bei zunehmender wissenschaftlicher Erhellung der Probleme bald der Vergangenheit angehören wird. Wohl ist die 1953 von Föhl im Finanzarchiv angefachte Diskussion um die Überwälzungsproblematik direkter und indirekter Steuern sonderbarerweise bis jetzt nicht durch eine umfassende Darlegung abgeklärt worden; jedoch ist man sich soweit einig, daß prinzipiell jede Steuer überwälzbar ist. Es mehren sich die Untersuchungen, die die unsozialen Wirkungen der indirekten Steuern widerlegen[10]. Interessant sind in diesem Zusammenhang Darlegungen Schmölders schon aus dem Jahre 1953, in denen er auf verschiedene unsoziale und verteilungspolitisch negative Wirkungen der Einkommensteuer hinweist, insbesondere bedingt durch deren belastungsmäßige Unbestimmtheit gegenüber exakten Belastungsdifferenzierungen bei den Verbrauchsteuern, z. B. Entlastung des lebensnotwendigen Bedarfs, Sondersteuer auf Luxusgüter usw.[11].

Nach meiner Meinung wird man langfristig auch in den Ländern mit besserer Steuermentalität nicht um eine stärkere Anspannung der indirekten Steuern herumkommen. Gerloffs Gesetz der wachsenden Steuerwiderstände hat für die derzeitige Entwicklung volle Gültigkeit[12]. Selbst wenn man sich der in Lehrbüchern vorherrschenden Meinung anschließt, daß eine Grenze der direkten Besteuerung nicht genannt werden kann, so muß man sehen, daß das Gesetz der wachsenden Steuerwiderstände so wirksam wird, daß das Verhältnis Bürger und Staat darunter leidet.

3. Unmöglichkeit einer Vereinheitlichung der Steuern

Verschiedentlich wurde erörtert, ob unter Harmonisierung bzw. Angleichung, Begriffe, die in den EWG-Vertragstexten verwendet werden, eine Vereinheitlichung der Steuergesetze verstanden werden soll. Die

---

[10] *H. Kübler:* Sozialpolitische Würdigung der direkten und indirekten Steuern, Diss. Zürich, Winterthur 1965.
[11] *Günter Schmölders:* Umbau des Steuersystems?, Gutachten zur Frage des Abbaus der Einkommensteuer (Lohnsteuer) und der Körperschaftsteuer zugunsten einer Um- und Ausgestaltung der Umsatzsteuer, Köln 1953.
[12] Es ist meine Überzeugung, daß eine über 50 % hinausgehende Progression zu viele negative Folgen hat. Als akutes Beispiel sei nur die in der BRD herrschende Sucht nach Abschreibungsobjekten genannt.
Länder mit höheren Sätzen verwirklichen diese auch meist nicht.

F. Folgerungen für die Steuerharmonisierung

Frage steht dahinter, inwieweit ein gemeinsamer Markt eine Vereinheitlichung der Steuertarife, Durchführungsverordnungen usw. erfordere, damit man eine international gleichmäßige Belastung der für die Außenhandelsbeziehungen wichtigen Gruppen der Steuerpflichtigen erhält.

Berücksichtigt man bei dieser Frage die Unterschiede der Steuermentalität, so wird geradezu eine Differenzierung der Steuersätze und Tarife erzwungen bei den Steuern, die auf die Mitarbeit des Zensiten angewiesen sind. Wegen der unterschiedlichen Steuermoral und der Qualität der Steuerverwaltung der einzelnen Länder führen nur verschiedene Gesetze und unterschiedliche erhebungstechnische Richtlinien zu einer gleichen bzw. ähnlichen Steuerbelastung und Steuerergiebigkeit, wobei natürlich auch die Wirtschaftsstruktur beachtet werden muß.

Allgemein gilt jedoch sowieso, daß ein unbehinderter Wettbewerbsmarkt nur die Harmonisierung außenhandelswichtiger Steuern erfordert, also insbesondere der Verbrauchssteuern, Kapitalsteuern und Körperschaftssteuern, letztere, da Gewinnsteuer der außenhandelsstarken Betriebe. Bei diesen Steuern gerade ist der Steuerwiderstand nicht allzu groß, also obengenannte Differenzierung nicht so erforderlich.

Daß auch Steuern, von denen allgemein keine Bedeutung für einen supranationalen Markt beigemessen wird wie z. B. die Lohnsteuer[13], stark verzerrende Effekte haben können, wenn Mobilitätshemmnisse entfallen, zeigt die extrem hohe Zahl österreichischer Pendler, die hauptsächlich auch wegen der wesentlich geringeren Abzüge im Ausland arbeiten[14].

Der zunehmende Abbau der Mobilitätshemmnisse in Europa erfordert daher auch eine Abstimmung der direkten, persönlichen Steuern. Zudem erzwingt die Anpassung bei einigen Steuern den Umbau auch der übrigen Steuern, so daß das Problem dieser ‚verhaltensreagiblen' Steuern bald akut wird.

Wenn man eine generelle Überwälzung der Steuern annimmt — ein Problem, das, wie angedeutet, noch nicht abgeklärt ist — so haben außerdem die direkten, persönlichen Steuern auch als Kostenfaktor der Wirtschaft Preiswirkungen, die die Wettbewerbssituation des Außenhandels beeinflussen.

---

[13] *Fritz Neumark:* Möglichkeiten und Grenzen einer Steuerangleichung im Gemeinsamen Markt, in: Steuer-Kongress-Report 1963, München—Berlin 1963, S. 43.
[14] *Bastian Müller:* Österreichs Sorgen mit Grenzgängern wachsen, in: Musikjournal II im Bayerischen Rundfunk am 4. 7. 72.

III. Beeinflussung der Steuermentalität als Aufgabe einer Harmonisierungspolitik

Je ungehinderter der Austausch von Waren und Produktionsfaktoren über den Grenzen der sich zusammenschließenden Staaten möglich ist, desto stärker treten die vom Staat ausgehenden Beeinflussungsfaktoren in Erscheinung. Dies zeigte sich nach Abschaffung der Zollgrenzen bei den indirekten Steuern und wird nach Abschaffung der Steuergrenzen und letzten Hemmnisse für Transfer von Kapital und Arbeit auch bei den diese belastenden Steuern, also den direkten, offenbar werden. Da nun gerade bei den direkten Steuern die Steuermentalität starke Bedeutung besitzt, werden bei einer Harmonisierung dieser die ganzen angesprochenen Probleme besonders akut.

Ein harmonischer Ausgleich der Gegensätze ist nur möglich, wenn neben der finanzpsychologischen Überprüfung aller Steueränderungen in europäischem Geist zusätzlich das Bemühen der schlechter gestellten Länder tritt, die Steuermentalität zu beeinflussen.

Durch die im Zuge des Zusammenschlusses sich vollziehende Annäherung der sozioökonomischen Status der Länder werden die davon ausgehenden Einflüsse sozusagen automatisch angeglichen. Aufgabe bleibt es, die wichtige Bestimmungsgröße „politische Kultur" in den betreffenden Ländern auf ein höheres Niveau zu heben.

Dies könnte durch die Schaffung einer gemeinsamen Staatsgesinnung in den europäischen Ländern erreicht werden. Es war Absicht der Gründer der europäischen Gemeinschaft durch den wirtschaftlichen Zusammenschluß die Grundlage eines politischen Zusammengehens zu geben. Bei fortgeschrittenerem Stadium zeigt sich, daß ein Einigungsstreben auf vielen Ebenen gleichzeitig immer vordringlicher wird. Deshalb müßten auch auf der politischen Ebene neue Vorstöße unternommen werden.

Nach den derzeitigen Erfahrungen könnte nur eine mit politischen Befugnissen ausgestattete supranationale Autorität eine aus vielen Gründen erforderliche gemeinsame oder wenigstens koordinierte Wirtschaftspolitik durchsetzen. Dann wäre eine gemeinsame Währungs-, Konjunktur- und Wirtschaftspolitik, die Schaffung eines einheitlichen Handelsrechtes usw. möglich. Dieses gemeinsame politische Handeln wird allmählich ein stärkeres Gefühl politischer Zusammengehörigkeit schaffen und ein gemeinsames Staatsbewußtsein hervorrufen. Damit ist der entscheidende Schritt zur gleichen Staatsgesinnung gemacht worden, der wichtigen Grundlage der Steuermentalität. Hier zeigt sich der Effekt, daß jeder neue Einigungserfolg bestehende supranationale Institutionen und Regelungen verstärkt und somit über seinen Bereich hinaus wirkt. Doch leider sind die derzeitigen Anzeichen für politische Harmonisierungsvorstöße nicht günstig.

Im Rahmen der vorhandenen vertraglichen Vereinbarungen kann man thesenartig knapp die Forderungen für eine erfolgreiche Steuerharmonisierung so formulieren: Die Länder mit guter Steuermentalität müssen alle ihre Steueränderungen mit Blick auf eine gesamteuropäische Verwirklichbarkeit durchführen, die Länder mit schlechter Steuermentalität müssen zusätzlich besonders darauf achten, ihre Steuertechnik so zu gestalten, daß sie positiv die Steuermentalität beeinflußt.

Literaturverzeichnis

Abel, Theodore: The Operation called „Verstehen", in: American Journal of Sociology, Bd. 54, Chicago 1948, S. 211 - 218

Albers, Willi, Herbert *Weise* und Rudolf *Binder:* Wettbewerbsverschiebungen durch unterschiedliche Steuerbelastungen von Produktionsmitteln in der europäischen Integration, in: Kieler Studien, Forschungsberichte des Instituts f. Weltwirtschaft, Kiel 1960

Albert, Hans: Modell-Platonismus, Der neoklassische Stil des ökonomischen Denkens in kritischer Beleuchtung, in: Sozialwissenschaft und Gesellschaftsgestaltung, Festschrift f. G. Weisser, hrsg. v. F. Karrenberg u. H. Albert, Berlin 1963, S. 45 - 76

— Marktsoziologie und Entscheidungslogik, Objektbereich und Problemstellung der theoretischen Nationalökonomie, in: Zeitschrift für die gesamte Staatswissenschaft, Bd. 114, Tübingen 1958, S. 269 - 296

Almond, Gabriel und S. *Verba:* The Civic Culture, Princeton 1963

Andel, Norbert: Die Harmonisierung der Steuern im Gemeinsamen Markt, in: Finanzarchiv N.F. Bd. 30, Tübingen 1971, S. 224 - 256

Aquino, Thomas: Summa Theologica, Dt.-lat. Ausgabe, Heidelberg—Graz usw. 1953

Bank: Der Richter, der Anwalt und die Gesellschaftsfähigkeit der Steuertäuschung, in: Finanzarchiv N.F 45, Tübingen 1928, S. 53 - 59

Beckerath, Erwin v., Norbert *Kloten* und Helmut *Kuhn:* Art. „Wirtschaftswissenschaft: Methodenlehre", in: HdSW Bd. 12, Stuttgart 1962, S. 288 bis 328.

Beckmann, Martin und Götz *Uebe:* Makroökonomische Untersuchungen der Auswirkungen von Steuersystemänderungen, Wiesbaden 1969

Beichelt, Bernd u. a.: Steuernorm und Steuerwirklichkeit, Bd. 2, Steuermentalität und Steuermoral in Großbritannien, Frankreich, Italien und Spanien, Forschungsberichte des Landes Nordrhein-Westfalen Nr. 2041, Köln und Opladen 1969

Beichelt, Bernd: Die Steuermentalität der Engländer, Diss. Köln 1969

Bickel, Wilhelm: Finanzwissenschaft und Statistik, in: Handbuch der Finanzwissenschaft, Tübingen 1950, Bd. 1, S. 134 - 162

Brodersen, Arvid: National Character: An Old Problem Re-examined, in: James N. Rosenau, International Politics and Foreign Policy, New York 1961, S. 300 - 309

Brockerhoff, Erna: Die Harmonisierung der Ausgabesteuern im deutschen Zollverein mit einem Ausblick auf die Probleme der Ausgabesteuerharmonisierung in der EWG, Diss. Mainz 1963

Bühler, O., F. *Neumark* und F. *Lademann:* Internationaler Steuerbelastungsvergleich, Die Besteuerung der gewerblichen Einkünfte in den Vereinigten Staaten von Amerika, Kanada, Großbritannien und der Bundesrepublik Deutschland, Schriftenreihe der Deutschen Europa-Akademie, Frankfurt 1952

Bundesministerium für Wirtschaft und Finanzen: Finanzbericht 1972, Bonn 1971

Bundesministerium der Finanzen: Finanzpolitische und volkswirtschaftliche Gruppe, Referat Finanzen und Steuern des Auslandes: Informationsdienst zur Finanzpolitik des Auslandes Nr. 3 und Nr. 4, Bonn 1970

Christiaanse, Jan H.: Entwicklungstendenzen und aktuelle Probleme im niederländischen Steuerrecht im Vergleich mit dem deutschen Steuersystem, in: Steuer-Kongress-Report 1968, hrsg. v. Bundeskammer der Steuerbevollmächtigten u. a., München 1968, S. 186 - 200

Conrad, H.: Psychologie und Besteuerung, Ein Beitrag zur Verwaltungspsychologie, Stuttgart 1928

Daviter, J., J. *Könke,* und Otto Graf *Schwerin:* Steuernorm und Steuerwirklichkeit, Bd. 1, Steuertechnik und Steuerpraxis in Frankreich, Großbritannien, Italien und Deutschland, Forschungsberichte des Landes Nordrhein-Westfalen Nr. 2040, Köln und Opladen 1969

Deppe, Erich: Die Steuermoral in den Niederlanden — eine Leitstudie am Beispiel der freien Berufe, Diss. Köln 1968

Devos, George A.: Art. „National Character", in: International Encyclopedia of Social Sciences, Vol. 11, USA 1968, S. 14 - 19

Donath, Martin: Art. „Steuer und Steuermoral", in: Evangelisches Soziallexikon, hrsg. v. F. Karrenberg, Stuttgart 1954, Sp. 1016 - 1019

Dosser, Douglas: Theoretical Considerations for Tax Harmonizations, in: Comparison and Harmonization of Public Revenue Systems, especially of Fiscal Systems, hrsg. v. Intern. Institute of Public Finance, 1966, S. 66 bis 92

Dosser, Douglas und S. S. *Han:* Taxes in the EEC and Britain: The Problem of Harmonization, London 1968

Dubergé, Jean: Psychologie Sociale de l'Impôt d'Aujourd'hui, Paris 1961

Endres, Werner: Die Harmonisierung der indirekten Besteuerung in der „Europäischen Wirtschaftsgemeinschaft", unter besonderer Berücksichtigung der Notwendigkeiten und Möglichkeiten einer rationalen Steuergestaltung, Diss. Frankfurt 1965

Engelhardt, Gunther: Der Beitrag der Finanzpsychologie zu einer rationalen Steuerpolitik, in: Wirtschaftstheorie als Verhaltenstheorie, Ein Symposion der Forschungsstelle f. empirische Sozialökonomik, Berlin 1969, S. 85 - 111

— Verhaltenslenkende Wirkungen der Einkommensteuer, Ein Beitrag zum Problem der wirtschaftspolitischen Beratung, Berlin 1968

Europäische Wirtschafsgemeinschaft, Kommission: Bericht des Steuer- und Finanzausschusses, Brüssel 1962 („Neumark-Gutachten")

Feldmann, Kurt: Finanz- und Steuerpolitik in der europäischen Integration, Deutscher Industrie- und Handelstag, Essen 1959, S. 32 - 55

Frisch, A.: Das französische Steuersystem, in: Die Gegenwart, Nr. 109, 9. Jahrgang, 1954, S. 59 - 60

Ganser, Carl und Helmut *Wilhelmi:* Harmonisierung der Steuersysteme in der Europäischen Wirtschaftsgemeinschaft, Hrsg. Deutsche Vereinigung f. internationales Steuerrecht, Dt. Landesgruppe der International Fiscal Association, Bergisch Gladbach o. J.

Gerloff, Wilhelm: Steuerwirtschaftslehre, in: Handbuch der Finanzwissenschaft, 2. Aufl. Bd. 2, Tübingen 1956, S. 239 - 325

— Wesen und Aufgabe der Finanzwissenschaft, ihre Stellung und Beziehung zu anderen Wissenschaften, in: Handbuch der Finanzwissenschaft, Bd. 1, Tübingen 1950, S. 1 - 65

— Steuerwirtschaft und Sozialismus, in: Archiv für die Geschichte des Sozialismus und der Arbeiterbewegung, Bd. X, Leipzig 1922, S. 271 - 328

Graumann, Carl-Friedrich und Werner D. *Fröhlich:* Ansätze zu einer psychologischen Analyse des sogenannten Steuerwiderstandes, in: Finanzarchiv N.F. Bd. 17, Tübingen 1956, S. 418 - 430

Groeben, Hans v. d.: Die Bedeutung der Steuerangleichung für die europäische Integration, hrsg. v. Institut Finanzen und Steuern, Bonn 1968

Groves, H. M.: Empirical Studies of Income Tax Compliance, in: National Tax Journal 1958, S. 291 - 301

Grossmann, Eugen: Gedanken über Finanzpolitik in der reinen Demokratie, Bern 1948

— Volkscharakter und Finanzgebarung, in: Jahresbericht der Universität Zürich, Zürich 1944

— Die Finanzgesinnung des Schweizervolkes, in: Zeitschrift für schweizerische Statistik und Volkswirtschaft, Bern 1930, S. 165 - 191

Haller, Heinz: Die Steuerharmonisierung im Rahmen der europäischen Integrationsbemühungen, in: Zeitschrift f. Zölle u. Verbrauchssteuern, Nr. 7, Bonn 1970, S. 203 - 208

— Probleme der Harmonisierung der Finanz- und Steuerpolitik im Gemeinsamen Markt, in: Wirtschafts- und Finanzpolitik im Gemeinsamen Markt, Schriftenreihe der Forschungsstelle der Friedrich-Ebert-Stiftung, Hannover 1963, S. 57 - 78

Hamm, Franz: Zur Grundlegung und Geschichte der Steuermoral, Trier 1908

Haver: Steuermoral und Besteuerungsmoral, in: Der Betriebsberater, 6. Jahrgang, Heidelberg 1951, S. 537 - 539

Hesse, Maria-Dolores: Methoden und Möglichkeiten die Steuern unter solchen Gesichtspunkten neu zu gliedern, die sich bei der Harmonisierung der Steuersysteme der Mitgliedsstaaten der EWG ergeben, Kollektion Studien, Reihe Wettbewerb — Rechtsangleichung Nr. 13, Kommission der Europäischen Gemeinschaften, Brüssel 1970

Hoebel, E. Adamson: Antropological Perspectives on National Character, in: National Character in the Perspective of Social Sciences, The Annals of The American Academy of Political and Social Science, Vol. 370, Philadelphia 1967, S. 1 - 7

Holtgrewe, Karl Georg: Der Steuerwiderstand, Das Verhalten der Steuerpflichtigen im Lichte der modernen Psychologie, Berlin 1954

Houchon, G.: Psycho-sociologie de la fraude fiscale, in: En Hommage à V. Gothot, Liège 1962, S. 369 - 400

Holzner, Burkart: Völkerpsychologie, Leitfaden mit Bibliographie, Würzburg 1961

Institut „Finanzen und Steuern": Vermögensteuer und Gewerbeabgaben in den Mitgliedsstaaten der EWG, Heft 82, Bonn 1965

— Besteuerung und Währung im Gemeinsamen Markt, Heft 69, Bonn 1963

— Europäische Wirtschaftsgemeinschaft und Steuerpolitik — eine Einführung, Heft 52, Bonn 1957

Jansen, Johannes C.: Die steuerliche Harmonisierung im europäischen Raum, in: Betriebswirtschaftliche Erfordernisse für die Harmonisierung im europäischen Raum, hrsg. v. Dt. Gesellschaft für Betriebswirtschaft, Berlin 1961, S. 107 - 119

Jostock, Paul: Über den Umfang des der Besteuerung entgehenden Einkommens, Ein Beitrag zur Volkseinkommensstatistik, in: Weltwirtschaftliches Archiv, Bd. 57, Jena 1943, S. 27 - 80

Kade, Gerhard: Die Grundannahmen der Preistheorie, Eine Kritik an den Ausgangssätzen der mikroökonomischen Modellbildung, Berlin—Frankfurt 1962

Karamete, Hakki: Wirtschaftssystem und Wirtschaftsgesinnung, Steuersystem und Steuermentalität in der Türkei, Diss. Köln 1956

Kehl, Paul: Die Steuer in der Lehre der Theologen des Mittelalters, Berlin 1927

Keller, Theo: Der Schweizer als Steuerzahler, in: Finanzarchiv N.F. Bd. 25, Tübingen 1966, S. 242 - 246

Klafki, Wolfgang: Erziehungswissenschaft als kritisch-konstruktive Theorie: Hermeneutik — Empirie — Ideologiekritik, Zeitschrift f. Pädagogik, Weinheim 1971, S. 351 - 385

Klein, Friedrich: Die évasion fiscale in der Bundesrepublik Deutschland, in: Bulletin for international fiscal documentation, Bd. 7, Amsterdam 1953, S. 16 - 29

Kloten, Norbert: Der Methodenpluralismus und das Verstehen, in: Systeme und Methoden in den Wirtschafts- und Sozialwissenschaften, Erwin v. Beckerath zum 75. Geburtstag, hrsg. v. N. Kloten u. a., Tübingen 1964, S. 208 - 236

Kolms, Heinz: Über einige Beziehungen zwischen Konsumtheorie und Steuerabwehrtheorie, in: Weltwirtschafliches Archiv Bd. 94, Hamburg 1965, S. 31 - 44

Kommission der Europäischen Wirtschaftsgemeinschaft: Finanz- und steuerpolitische Harmonisierungsvorschläge, in: Finanzpolitik, hrsg. v. H. C. Recktenwald, Neue wissenschaftliche Bibliothek 36, Köln—Berlin 1969, S. 463 - 486

Kübler, H.: Sozialpolitische Würdigung der direkten und indirekten Steuern, Diss. Zürich, Winterthur 1965

Laufenburger, Henry: Théorie Economique et Psychologiques des Finances Publiques, Paris 1956

— Aspects psychologiques des Finances Publiques, in: Beiträge zur Geld- und Finanztheorie, Festschrift f. W. Gerloff, Tübingen 1951, S. 49 - 59

Mann, Fritz Karl: Die Grundformen der Steuerabwehr, in: Jahrbücher für Nationalökonomie und Statistik, Bd. 120, Jena 1923, S. 497 - 523

Marchal, Jean: Gegenstand und Wesen der Wirtschaftswissenschaft: von einer mechanischen Wissenschaft zu einer Wissenschaft vom Menschen, in: Zeitschrift f. d. gesamte Staatswissenschaft, Bd. 106, Tübingen 1950, S. 577 - 600

Mattern, G.: Steuerrecht und Steuermoral, in: Steuer und Wirtschaft, Hrsg. C. Boettcher, München 1958, Sp. 257 - 278

Meisel, Franz: Britische und deutsche Einkommensteuer, Ihre Moral und ihre Technik, Tübingen 1925

Mennel, Annemarie: Die Steuersysteme in den EWG-Staaten, EFTA-Staaten und den USA, Berlin 1971

Metze, Ingolf: Steuerharmonisierung in einer Wirtschaftsgemeinschaft, Hamburg 1969

Meyer, Peter Bert: Citizen response to personal income taxation in low income countries, The application of household survey data to the analysis of taxation (A case study of the Philippines), Diss. Wisconsin USA 1970

Nell-Breuning, Oswold v.: Art. „Steuermoral", in: Staatslexikon, Freiburg 1962, Sp. 698 - 700

Neumark, Fritz: Möglichkeiten und Grenzen einer Steuerangleichung im Gemeinsamen Markt, in: Steuer-Kongress-Report 1963, München—Berlin 1963, S. 29 - 47

— Internationale Gemeinsamkeiten und nationale Eigenarten der Finanzpolitik, in: Kyklos, Vol. II, Bern 1948, S. 317 - 348

Oermann, Joseph: Steuermoral und Besteuerungsmoral, in: Steuerberater Jahrbuch 1957/58, hrsg. v. Armin Spitaler, Köln 1958, S. 57 - 84

OECD Organisation for Economic Co-operation and Development: Border Tax Adjustments in OECD Member Countries, Report on Tax Adjustments applied to Exports and Imports in OECD Member Countries, Paris 1968

Puviani, Amilcare: Die Illusionen der öffentlichen Finanzwirtschaft, herausgegeben und mit einem Geleitwort von G. Schmölders, Berlin 1960 (Übersetzung von: Teoria dell'Illusione Finanziara, Milano 1903)

Regul, Rudolf und Wolfgang *Renner:* Finanzen und Steuern in der Europäischen Integration, in: Die Entwicklung des Steuerwesens seit dem Ersten Weltkrieg, Internationales Steuerdokumentationsbüro, Amsterdam 1966, S. VI 1-VI 140

Rembeck, Max und G. P. *Eichholz:* Der Markt als Erkenntnisobjekt der empirischen Wirtschafts- und Sozialforschung, Bern—Stuttgart 1968

Rey, Mario: Estimating Tax Evasion: The Example of the Italian General Sales Tax, in: Public Finance, Bd. 20, The Hague 1965, S. 366 - 392

Runge, Harry: Einige Bemerkungen zur abnehmenden Tendenz des Hanges zum Verbrauch bei wachsendem Einkommen, in: West-östliche Perspektiven, Festschrift f. Erik v. Sivers, Stuttgart 1966, S. 133 - 150

— Die Lehre von der Grenzproduktivität in ihrer Bedeutung für die wirtschaftliche Theorie und Praxis, Berlin 1963

Schiffbauer, Siegfried: Harmonisierung von Steuern im Gemeinsamen Markt, in: Von der Auslegung und Anwendung der Steuergesetze, hrsg. v. G. Felix, Stuttgart 1958, S. 172 - 193

Schlaeger, Gert: Nebenwirkungen der Steuerharmonisierung in der Europäischen Wirtschafsgemeinschaft, in: Steuer und Wirtschaft, 48. Jahrgang, Köln 1971, S. 261 - 270

Schmidt, Adám: Az adómorál és mérése, in: Közgazdasàgi Szemle Kiadja a Magyar Közgazdasàgi Társaság, Bd. 87, Budapest 1944 (Die Steuermoral und ihre Messung, in: Volkswirtschaftliche Rundschau; Dt. Zusammenfassung, S. 3 f.)

Schmidt, Kurt: Zur Koordination von Steuern bei wirtschaftlicher Integration, in: Schriften des Vereins f. Socialpolitik N.F. Bd. 35, Berlin 1965, S. 429 - 468

Schmölders, Günter: Finanz- und Steuerpsychologie, Das Irrationale in der öffentlichen Finanzwirtschaft, Hamburg 1970

— Grundlage einer effizienten Finanzpolitik: Empirische Analyse der Steuermentalität, in: Finanz- und Geldpolitik im Umbruch, Hrsg. H. Haller u. H. C. Recktenwald, Mainz 1968, S. 49 - 64

— Psychologische Probleme der Steuerharmonisierung im Gemeinsamen Markt, in: Comparaison et Harmonisation des Systemes des Recettes Publiques, particulierement des Systemes Fiscaux, Congres de Luxembourg, Hrsg. Institut International de Finance Publiques, York—Paris—Saarbrücken 1966, S. 193 - 216

— Der Beitrag der Verhaltensforschung zur Theorie der wirtschaftlichen Entwicklung, in: Systeme und Methoden in den Wirtschafts- und Sozialwissenschaften, E. v. Beckerath z. 75. Geburtstag, hrsg. v. Norbert Kloten u. a., Tübingen 1964, S. 363 - 385

— Staatsbürgerliche Gesinnung und Steuermoral, Die Verantwortung des Gesetzgebers, in: Finanzwissenschaft und Finanzpolitik, Hrsg. F. Schäfer, Tübingen 1964, S. 285 - 301

— 10 Jahre sozialökonomische Verhaltensforschung, Ordo Bd. 14, München 1963, S. 259 - 273

— Volkswirtschaftslehre und Psychologie, Mit einer Aussprache führender Wissenschaftler, Schriften d. Adolf-Weber-Stiftung, hrsg. v. Gunzert, Berlin 1962

— „Unmerkliche" Steuern, in: Finanzarchiv N.F. Bd. 20, Tübingen 1960, S. 23 - 34

— Art. „Steuermoral", in: HdSW, Bd. 10, Stuttgart 1957

— Ökonomische Verhaltensforschung in Frankreich, in: Zeitschrift f. d. gesamte Staatswissenschaft, Bd. 111, Tübingen 1955, S. 564 - 569

— Umbau des Steuersystems?, Gutachten zur Frage des Abbaus der Einkommensteuer (Lohnsteuer) und der Körperschaftsteuer zugunsten einer Um- und Ausgestaltung der Umsatzsteuer, Köln 1953

— Der Deutsche Zollverein als historisches Vorbild einer wirtschaftlichen Integration in Europa, in: Aspects financières et fiscaux de l'integration economique internationale, Travaux de L'Institut international des Finances Publiques, La Haye 1953, S. 137 - 148

— Ökonomische Verhaltensforschung, in: Ordo Bd. 5, München 1953, S. 203 bis 244

Schmölders, Günter und B. *Strümpel:* Vergleichende Finanzpsychologie, Besteuerung und Steuermentalität in einigen europäischen Ländern, Hrsg. Akademie der Wissenschaft u. der Literatur, Darmstadt 1968

Schnürer, Fritz: Die Steuerwiderstände, Diss. Frankfurt 1952

Scholten, H.: Die Steuermentalität der Völker im Spiegel ihrer Sprache, Köln 1952

Schorer, Edgar: Allgemeine Steuerpsychologie, in: Finanzarchiv N.F. Bd. 9, Tübingen 1943, S. 338 - 368

Schulte, Maria-Dolores: Der Einfluß unterschiedlicher Steuersysteme auf den Wettbewerb innerhalb eines gemeinsamen Marktes, dargestellt anhand der in Frankreich und in der Bundesrepublik Deutschland verwirklichten Besteuerungsformen, Diss. München 1961

Schulze-Bachman, Arno: Die Entwicklung des Steuerwesens in der Europäischen Wirtschaftsgemeinschaft, in: Europäische Steuerzeitung Nr. 34, 36, 37, Heidelberg 1969

— Ausgewählte Steuerfragen aus dem EWG-Bereich, in: Steuerberater-Jahrbuch 1965/66, Köln 1966, S. 407 - 450

Seidenfus, H. St.: Art. „Ökonomische Verhaltensforschung", in: HdSW, Bd. 11, Tübingen 1961, S. 95 - 102

Senf, Paul: Wirkungen eines kurzfristigen Abbaus der Steuergrenzen in der EWG unter den zur Zeit gegebenen steuerlichen Bedingungen, Düsseldorf 1964

Shoup, Carl S.: The Theory of Harmonizations of Fiscal Systems, General Report, in: Comparaison et Harmonisation des Systems des Recettes Publiques, particulierement des Systemes Fiscaux, Congres de Luxembourg, Hrsg. Institut International de Finance Publiques, York—Paris—Saarbrücken 1966, S. 23 - 42

Simmich, Claus: Die Steuermoral als verfassungsrechtliches und steuerrechtliches Problem, München 1967

Simon, Herbert A.: Theories in Decision-Making in Economics and Behavioral Sience, in: American Economic Review, Vol. 49, Stanford 1959, S. 253 bis 283

Spitaler, Arnim: Das Problem der internationalen Vergleichbarkeit der Steuermoral, in: Steuerberater-Jahrbuch 1955/56, hrsg. v. A. Spitaler, Köln 1956, S. 65 - 82

Statistisches Bundesamt Wiesbaden (Hrsg.): Länderkurzberichte Spanien, Stuttgart 1970

Steuernagel, Wolfgang: Die Angleichung der Besteuerung in der EWG als Problem der finanzpolitischen Willensbildung, Diss. Köln 1967

Strümpel, Burkhard: Steuersystem und wirtschaftliche Entwicklung, Funktion und Technik der Personalbesteuerung im sozioökonomischen Wandel, Tübingen 1968

— Die neue Fachdisziplin „Finanzpsychologie", in: Finanzwissenschaftliche Forschung und Lehre an der Universität zu Köln 1927 - 1967, Berlin 1967, S. 150 - 1964

— Steuermoral und Steuerwiderstand der deutschen Selbständigen, ein Beitrag zur Lehre von den Steuerwirkungen, Forschungsberichte des Landes Nordrhein-Westfalen Nr. 1682, Köln und Opladen 1966

— Sozioökonomischer Wandel und die Durchsetzbarkeit der Besteuerung, in: Finanzarchiv N.F. Bd. 25, Tübingen 1966, S. 442 - 462

Strümpel, Burkhard: Der Schweizer als Steuerzahler, Ein Beitrag zum internationalen Vergleich der Steuermoral, in: Finanzarchiv N.F. Bd. 24, Tübingen 1965, S. 244 - 258

Szende, Paul: Steuerpsychologie, in: Zeitschrift f. d. gesamte Staatswissenschaft, Bd. 93, Tübingen 1932, S. 427 - 464

Tiberghien, Albert: Vergleichende Übersicht über das Steuerrecht in der EWG, in: Steuer-Kongreß-Report 1965, hrsg. v. Bundeskammer der Steuerbevollmächtigten u. a., München 1965, S. 156 - 167

Vogel, Joachim: Aspirationer, möjligheter och skattemoral, En rättssociologisk undersökning av deklaranter, Diss. Stockholm 1970 (Aspirationen, Möglichkeiten und Steuermoral; Zsfass, in engl. Sprache)

Vogel, Horst: Wirkungen der Besteuerung in wirtschafts- und gesellschaftspolitischer Sicht, sowie auch im internationalen Vergleich, in: Steuerberater, Jahrbuch 1969/70, Köln 1970, S. 71 - 124

United Nations: Changes in the Structure of Taxation in Europe, in: Economic Bulletin for Europe, Third Quarter 1950, Vol. 2 No. 3 prepared by the Research and Planing Division Economic Commission for Europe, Geneva 1951, S. 58 - 80

Veit, Otto: Grundlagen der Steuermoral, Eine finanzsoziologische Studie, in: Zeitschrift f. d. gesamte Staatswissenschaft, Bd. 83, Tübingen 1927, S. 317 bis 349

Wagner, Klemens: **Die sittlichen Grundsätze bezüglich der Steuerpflicht,** Diss. Regensburg 1906

Wiesbrock, Heinz: Über Ethnocharakterologie, Wesen — Forschungsprogramm — Methodik, in: Kölner Zeitschrift für Soziologie und Sozialpsychologie, Köln 1957, S. 549 - 586

Wissenschaftlicher Beirat beim Bundesministerium der Finanzen: Gutachten zur Reform der direkten Steuern (Einkommensteuer, Körperschaftsteuer, Vermögensteuer und Erbschaftsteuer) in der Bundesrepublik Deutschland, Schriftenreihe des Bundesministeriums der Finanzen, Heft 9, Bad Godesberg 1967

Printed by Libri Plureos GmbH
in Hamburg, Germany